【世界著名军事院校系列】

FRANCE SAINT-CYR MILITARY ACADEMY

法国圣西尔陆军军官军校

将军的苗圃

《世界著名军事院校系列》编写组

中国经济出版社
CHINA ECONOMIC PUBLISHING HOUSE
·北 京·

图书在版编目（CIP）数据

法国圣西尔陆军军官军校：将军的苗圃 /《世界著名军事院校系列》编写组编著．北京：中国经济出版社，2014．6（2023.8 重印）

（世界著名军事院校系列）

ISBN 978-7-5136-3151-8

Ⅰ．①法… Ⅱ．①世… Ⅲ．①军事院校—介绍—法国 Ⅳ．① E565.3

中国版本图书馆 CIP 数据核字（2014）第 108382 号

责任编辑 丁 楠

责任审读 贺 静

责任印制 马小宾

封面设计 任燕飞工作室

出版发行 中国经济出版社

印 刷 者 三河市同力彩印有限公司

经 销 者 各地新华书店

开 本 880mm × 1230mm 1/32

印 张 5.75

字 数 105 千字

版 次 2014 年 6 月第 1 版

印 次 2023 年 8 月第 3 次

书 号 ISBN 978-7-5136-3151-8

定 价 48.00 元

广告经营许可证 京西工商广字第 8179 号

中国经济出版社 **网址** www. economyph. com **社址** 北京市东城区安定门外大街 58 号 **邮编** 100011

本版图书如存在印装质量问题，请与本社销售中心联系调换（联系电话：010-57512564）

编委会

主　编： 李志强

副主编： 李　禔　郑　冀

编　者： 赵　丽　辛　倩

张　宪　王子军　马国普

出版说明

自工业革命以来，为适应战争和技术发展的需要，不同类型的军事院校相继建立起来。随着时代的变迁，有的军校已经湮灭于历史长河中；有的则经历了血与火的洗礼，培养出大批杰出的人才，留下一个个动人的故事；有的甚至可以浓缩成国家的历史，最终成为军事名校。

当前，世界新军事变革正如火如荼地进行，针对现代科学技术发展对信息化战争的影响，世界发达国家都纷纷提倡质量建军，将军队院校教育与训练工作列为重点，培养新型军事人才。这些军事名校适应形势的发展，纷纷调整教学内容和手段，以期在新军事变革大潮中留下自己鲜明的足迹。

新时期新阶段，习近平主席对军队明确提出了“能打仗，打胜仗”的要求。为了贯彻这一指示，需要我们去了解、学习外国军事名校的情况，借他山之石、攻己山之玉，从而更好地发展我军军事教育。

为此，我们组织出版了《世界著名军事院校》系列丛书。丛书内容列举了当今几所具有世界影响力的军事院校，从建校历史、招生对象、培训方式、教学内容、特色训练、杰出人物等方面进行全面的阐述。通过阅读本套丛书，期待让更多的青年朋友和军官们了解外军的情况，对我军院校训练与教育有一个对比性的把握，从而增强爱国爱军、当兵习武的责任感。

前　言

在世界各国大大小小的军校中，能像丰碑一样为人津津乐道的，我们不能不提到圣西尔军校！

然而，尽管美国的西点近几十年来有如初出之阳辉映当世，但这丝毫无碍法国圣西尔陆军军官军校的光辉与荣耀。作为一种象征，圣西尔军校在法国乃至世界军人心目中的地位也同样与西点军校一样，不可替代。

法国圣西尔陆军军官军校，这所古老而享誉世界的军事学府，自1803年由拿破仑创建以来，为法国培养了6万多名优秀的军官，陆军高级将领几乎出身于圣西尔军校。虽然法国陆军新任职的中尉里只有10%是圣西尔军校的毕业生，但有1/4的将军曾穿过圣西尔军校的校服。法国前总统夏尔·戴高乐将军曾深情地说："每当提起圣西尔这个辉煌的名字，就使我兴奋不已。"

也正如拿破仑所说，圣西尔军校是"将军的苗圃"。多少年来，圣西尔军校成为法国军人心中的圣地，吸引着一代又一代法兰西热血青年蜂拥而来，如同一颗璀璨的星辰，闪耀在世界军校的星空。

目　录

第一章
圣西尔军校成长印迹

法国圣西尔陆军军官学校已走过了 200 多年的历程，因其建在巴黎郊外凡尔赛宫附近的圣西尔，故得此名。随着历史的变迁，圣西尔军校与法兰西一起，从帝国走向共和，身上带着法兰西典型的军事文化基因，经历 200 多年的发展，日益成熟，日臻完善，为法国军队乃至世界各国培养了一批又一批出类拔萃的军事指挥军官。

圣西尔军校旧宣传页

一、伟人亲建

有人说，就圣西尔军校的缔造者而言，它就是非凡的。这个 1803 年 1 月 28 日诞生的军校，是由一代天骄、军事天才、著名的拿破仑皇帝亲手创建的，这在历史上林立的大小军校

拿破仑像

中是独一无二的。

17 世纪以前，法国军队中的军官是由国王推荐、任命的贵族担任，他们并未受过专门训练。到路易十四时期才出现了几个训练从军贵族子弟的连队。

1751 年，法国国王路易十五在巴黎开办了一所皇家军事学校，招收具有至少四代贵族血统的年轻学员（学员入学的最低年龄为 8 岁），培养他们担任步兵、骑兵和炮兵军官。次年，在军校内开设了训练巴黎和外省优秀青年的贵族子弟连。现在，位于巴黎市中心埃菲尔铁塔附近的军校就是当年皇家军校所在地。

1784 年，一个名叫拿破仑的年轻人被选入这个连队受训。1785 年 8 月 15 日，拿破仑在这里获得少尉军衔委任状。由于开支过大，这所昂贵的贵族军校最后被关闭了。

提及拿破仑，很多人都津津乐道他诸多的传奇与故事，其实这与他早期的军校生活和学习有着密切的联系。可以说，少年时的军校教育不仅为他后来成为欧洲“战神”起到了“催化剂”作用，更为其建立圣西尔军校埋下了萌芽的种子。

1. 入读布里埃纳军校

1779年，年仅10岁的拿破仑进入法国东部布里埃纳城一所公费的军事学校学习。布里埃纳军校纪律非常严格，但学校也有一种不好的现象，那就是老学员总是虐待新学员。来自科西嘉、穿着破旧的拿破仑，不时成为贵族同学们的嘲笑对象。小小的拿破仑早早地就显示出自己倔强的个性，他同那些被他称作“高贵的小丑”们打了几次架，这时那些贵族子弟们才发现小个子拿破仑并不好惹。

拿破仑在布里埃纳军校小小年纪就知道奋发图强，与一群吃喝玩乐的贵族子弟形成鲜明对比，同时，老师和同学们在认识到拿破仑倔强的性格时，也逐渐认识了拿破仑的另外一面——军事指挥才华。一个下雪的冬天，大雪覆盖了整个校园，拿破仑提议到操场上去打雪仗。在游戏中，拿破仑井然有序地组织同学们分为两军，双方各自挖战壕、修城堡，打得不可开交。此时老师们看到拿破仑站在高筑的雪塔上，俯瞰“战场”，指挥自如，宛如一位主帅在指挥千军万马，不禁对这场“战斗”的组织者、指挥官另眼相看，有个老师感慨地说：“这个孩子具有非凡的军事才能，前途不可限量。”

在布里埃纳军校，拿破仑一共学习了5年。这种没有一

天休息、与世隔绝的军校生活培养了他阴沉、忧郁和孤僻的性格。拿破仑几乎没有朋友，唯一的事情就是工作和学习。他经常回避同学们兴高采烈的游戏活动，躲进图书馆，如饥似渴地阅读和研究历史、地理、军事。后来在紧张的战争征途中，拿破仑身边总是带着一个“图书馆”，恐怕也是在这个阶段所养成的习惯。据说，在向埃及的远征中，拿破仑下达过这样的一个命令：“让驴子和学者走在队伍中间。”这句话成了拿破仑爱护学者的一句名言，而这也许可以在布里埃纳军校找到根源。

1784年，拿破仑以优异的成绩在布里埃纳军校毕业，学校对他的评语是：“拿破仑·波拿巴，生于1769年8月5日，身高1.66米，体格强壮，生性直爽，思维敏捷。擅长数学，通晓地理、历史、音乐、绘画，舞蹈略逊一筹，可以成为一名出色的海军军官。”而另一位老师则说：“好为人师，独断专行，固执己见。”

2. 在巴黎皇家军官学校进行深造

从布里埃纳军校毕业后，拿破仑以其优秀的成绩和出色的军事天才潜质和4位同学一起作为士官生被推荐进入巴黎皇家军官学校进行深造。该校在法国名声极佳，拥有一流的教员，在这里，拿破仑兴奋地接受着新知识，并对炮兵产生了浓厚的兴趣。

军校生活首先是持枪出操，一天，拿破仑心不在焉，做错了动作，挨了教官一枪托后，竟然以牙还牙，回敬了教官一枪托，同学们吓得面面相觑，以为拿破仑一定会受到严惩，却没想到教官只是笑了笑，命令另一位学生对他多加辅导。

经过一段时间考察后，拿破仑以倒数第二名的成绩被编入炮兵班。

拿破仑个性非常鲜明，当时的巴黎军官学校，学生大部分是法国贵族子弟，平时出入都带着一大堆随从，穿着鲜艳夺目的衣服，每天以吃喝玩乐为消遣。当拿破仑发现学生们过着极其奢华的生活时，当即向校长建言："学生生活奢侈，所需费用一般家庭殊难承担。学生一旦沉湎于此，返回故乡无法适应清淡生活，走上疆场则忍受不住战争的煎熬。所以，校方应严禁学生雇佣私人侍从，取消佳宴与华奢服饰，令学生自理生活，食粗劣面包。只有如此，方能造就体格强壮、作战勇敢的军官，令士兵尊重与服从。"

要知道，当时拿破仑给校长提此建议时，只有16岁。校长对于拿破仑的建议虽然有一点兴趣，并发出赞叹："这个孩子真是与众不同啊！"但是终究没有采纳他的意见。

1785年9月，16岁的拿破仑用一年的时间，就学完了军校规定的三年必修的课程，顺利地毕业，被授予少尉军衔，开始了他辉煌的"战神"历程。有一位教员说："这个科西嘉青年个性极强，日后定有出头之日。"当时学校的鉴定是这样的："拿破仑·波拿巴，为人勤奋、谨慎，兴趣广泛，博览群书，酷爱抽象科学，擅长数学、地理；沉默寡言，喜欢独处；任性、高傲、自私、善辩，自尊心强，雄心勃勃，求知欲强，有培养前途。”

军校的精心培养和自己的勤奋努力，造就了拿破仑卓越的军事指挥才能。后来拿破仑率领大军驰骋疆场，横扫欧洲大陆，成就了一世英名，成为欧洲乃至世界近代战争史上毫无争议的No.1。许多年以后，成为皇帝的拿破仑这样评价他从军校毕业时的那一刻。他说：“我一生中最骄傲的那一刻，是接受授予少尉军官，因为今天的辉煌正是那一刻点燃的，正是那一刻才使我生命的舰船进入了腾达的航线。”

3. 我不能为取金蛋而杀掉我的老母鸡

拿破仑终其一生，对科学文化尤其是军事文化都非常重视。他1804年称帝时，当时综合工科学校的学生们激烈反对，拿破仑对校长蒙日说：“你的学生怎么全都起来反对我？”校长不冷不热地回答说：“陛下，我们费了好大劲才把他们造就成共和派，要想让他们成为帝制派，总得再给点时间吧。再说，恕我直言，您的弯子也转得太快了点。”拿破仑没有因此生气，反而显示了自己的宽容。他将一面绣有“为了祖国的科学和荣誉”的旗帜授予该校。1814年，欧洲反法联军兵临巴黎城下，综合工科学校的学生要求参加保卫战，但拿破仑为了保护法国未来的科学人才，拒绝了他们的请求，而且风趣地说了一句著名的话：“我不能为取金蛋而杀掉我的老母鸡。”后来的事实证明：综合工科学校这只“下金蛋的母鸡”确实为19世纪初的法国培养了大批优秀的科学人才。比如，发现气体膨胀定律的著名物理学家、化学家盖·吕萨克，发现偏振现象的著名物理学家马吕斯，著名的分析力学家泊松，创立光之波动说的著名物理学家菲涅尔，著名数学家柯西，创立射影几何学的著名数学家彭塞列，均毕业于这所学校。

然而拿破仑在征战之余，最不能忘记的是自己早年在贵族军事学校接受的军事训练，他深刻地认识到培养军事指挥人才对一支军队的重要性。当他成为首席执政官以后，面对军队连年征战、优秀军官奇缺的局面，十分怀念自己早年的军校生涯，决心成立一所军官学校来培养优秀军官。他深信：“战场上有两种力量，一种是利剑，一种是精神，精神始终决定并指挥着利剑。”

1803年1月28日，拿破仑签署命令，在巴黎南郊50公

拿破仑授予圣西尔军校的锦旗

里的枫丹白露成立帝国军事专科学校，即今天的圣西尔军校的雏形。1805 年 1 月 30 日，拿破仑将一面绣有“为打胜仗而受训”的锦旗授予学校。

1808 年，由于枫丹白露被帝国宫廷征用，加之学校教育需要一个安静的场所，学校迁至巴黎西南郊离凡尔赛宫 5 公里的圣西尔城堡（由路易十四的妻子曼特农侯爵夫人于 1686 年所建）。从此，圣西尔军校——这所法国最早的培养步兵和骑兵军官的职业军事教育机构便诞生了。

二、成立初期

在战争中创建的圣西尔军校，成立之初学校生活相当艰苦，营房简陋，教学生活设施极不完备。据说开饭时，学员没有凳子坐，所有人只能以班为单位，围站在一个大菜盆四周，啃黑得像火药一样的硬面包充饥，难得有一次改善生活的机会。上课时，几个学员共用一套装备。即便如此，当时对学员的训练已经相当正规和严格。

学校里，由拿破仑亲自题写的“为打胜仗而受训”的校训体现出勇敢和荣誉的教育理念，并时刻提醒着这里的学员们不要忘记自己肩负的使命与责任。一进入校门，学员们就必须明确：如果你是军人，心中只能装着国家和国家的敌人，并随时准备打败敌人，这是军人的核心价值观。

据说，有一次拿破仑视察部队，看到河边许多士兵在围观，他过去一看，一个士兵在河里游不动了，其他的士兵正准备抢救，被拿破仑制止了，拿破仑拿过一把枪，在这个士兵周围乱射，唯一的通道是通向岸边的方向。这个士兵终于爬上岸了，拿破仑说:“懂了吗，谁救了你？是你自己！只要你想到死亡的威胁，你就会有无尽的勇气，没有勇气的人，只能是死亡！”

这一时期，圣西尔军校和当时最负盛名的巴黎理工学校一样，招收 16 ~ 20 岁的公立中学毕业生，还有部分在部队服役两年以上的士兵。所有学员都要通过严格的入学考试，入学以后要在部队至少服役七年，包括两年的在校学习时间。学员要自己担负学费和生活费用，但家庭贫困的学员可以申请全免或半免教育费用，当时学校有 1/3 以上的学员获此资助，体现了法国大革命以后“职业向有才能的人开放”的平等精神。

学校学制设置为两年，期间没有假期，学员在校时间全部用于上课和演习操练。步兵和骑兵学员第一年所学内容基本相同，第二年则各有侧重。课程主要包括解析几何、物理、德语、军事历史、地理、地形学、绘图、筑城术、火炮技术、军事法、军事管理等。

与同时期的理工学校相比，圣西尔军校纯理论的理科课程被削弱，军事职业课程明显加强。当然，这不仅与两所学校的学生入学水平有关，也与两所学校的性质有关。理工学校主要是培养技术性更强的炮兵和工程兵部队军官，对学员的入学成绩要求较高，即今天的理工学校是所谓的任命前教

圣西尔军校骑兵训练

育机构，其毕业生先要到炮兵与工程兵实习学校学习两年后才到部队任职。而圣西尔军校则将普通文化教育与任职前的军事职业培训融为一体，学员毕业后直接到部队任职。此外，圣西尔军校每年还有20多名优秀学员可以通过考试直接进入巴黎参谋学院学习。

可见，初建不久的圣西尔军校，其独树一帜的培训模式不仅有效解决了当时法国急缺陆军军官的问题，而且也坚实地奠定了其后来让无数年轻人梦寐以求的教育圣地的基础。

三、历经风雨

创立后的圣西尔军校，并没能一帆风顺地茁壮成长，而是伴随着法兰西帝国和王朝的风雨骤变，尤其是频繁的大战，几经风雨、几历坎坷。

1815年，拿破仑的法兰西第一帝国垮台时，共有4000多名军官从圣西尔军校毕业。“百日王朝”之后，随着拿破仑在滑铁卢的惨败，圣西尔帝国军事专科学校于1815年7月16日被取消。但两年后波旁王朝将圣西尔军校恢复，改名为“圣西尔军事专科学校”，变其为一所普通的预科学校，同时把1751年路易十五在巴黎创建的皇家军事学校重新开放。尽管皇家军事学校恢复了，但面临各种各样的问题，考虑到圣西尔的诸多优势，当时的战争部长最后又将皇家军事学校搬到了圣西尔，职责是为国王卫士团、参谋团、步兵及骑兵部队培养军官。

Le Petit Journal
SUPPLÉMENT ILLUSTRÉ
DIMANCHE 5 JUILLET 1908
LE CENTENAIRE DE SAINT-CYR

1908年7月5日《小报》
上关于圣西尔军校的画报

1914~1918年第一次世界大战期间，有2000多优秀军官在圣西尔军校进行培训学习，以贝当为代表的一大批圣西尔军校毕业生为法国赢得大战的胜利做出了卓越的贡献。第一次世界大战后军校进行了扩建。

第二次世界大战期间，已是百年老校的圣西尔军校遭遇到了建校以来最大的劫难。1942年，在德国占领军的淫威下，久负盛名的圣西尔军校被迫解散。但与此同时，在法国本土以外成立了好几所以圣西尔命名的战时军事学校，为法国部队培养了200多名军队指挥员，这些军官后来均被正式承认为圣西尔军校学员。

当时圣西尔军校的绝大多数学生不屈不挠地反抗纳粹统

1944年轰炸前的圣西尔军校大门

治，有400多人英勇献身，后来该校其余师生随法国溃败的军队迁到法国南方城市爱克斯·普罗旺斯。

更令人惋惜和遗憾的是，1944年，圣西尔军校的建筑在盟军为解放巴黎而实施的轰炸中被夷为平地。这一悲催的历史成为圣西尔军校无法治愈的伤疤，也成为每一名圣西尔军校学员心中永久的伤痛。

第二次世界大战后，几所战争中成立或保留下来的学校被合并为诸军种军事专科学校，迁回法国本土，圣西尔军校的新校址选在距巴黎300多公里的西部城市雷恩市郊外。

1961年的一次改革将圣西尔军校分成了两个部门，即致力于培养直接招收地方学员的ESM和培养从军队内部招收的士官以及预备军官的EMIA。

1977年，新成立了一所包括陆军装备、医疗、油料等专业的后勤保障军官的学校（行政技术学校，EMCTA）。1983年，圣西尔军校招收了一批女学员，并在2002年进行了一次针对扩展地方学员差异性的小改革。

2010年，行政技术学校与蒙彼利埃军事行政与管理高等学校合并，成立行政技术军事学校，承担委培以及高等专科教育等任务。

近几年，圣西尔军校加入了“欧洲学分转移体系”，并将原先的三年制校内培养计划修改成了现在的“地方学术培养计划”，圣西尔地方学员（ESM）大约21岁入学，并在毕业时获得军官身份的同时取得理学或艺术硕士学位。

四、步入正轨

时至今日，圣西尔陆军军官学校与诸兵种军校和行政技术军校共同组成法国陆军初级军校群，设在伊尔维兰省省会留恩市郊外的科埃基当。

招收外国留学生

三所军校因学员来源和培训方向不同，互有区别，但大部分军事训练和共同科目的教学基本一致。现在的圣西尔军校除招收本国学生以外，还招收一定数量的外国留学生。过去，该校的外籍学员主要来自非洲国家，近几年，随着国际局势的变化发展，还招收俄罗斯和中东国家的军事留学生。

科埃基当位于雷恩市西南30公里处，这里过去曾是法军预备役部队动员后集训的训练营地，自1945年圣西尔军校等几所军校迁到这里以后，对营地进行了大规模的改建和扩建。如今的军校群占地面积达500多公顷，各种学习、生活、娱乐设施齐全，学员、教员和家属在这里形成了一座5000多人的军校城。

1. 圣西尔军校校园景色

学校群掩映在一片绿荫之中，自然环境非常幽雅，营区森林覆盖面积达120公顷，约占总面积的四分之一，人造草坪2公顷。营区以国家级24号公路为界，一分为二，公路以北是家属生活区，南部为学校教学训练区。家属区内有各种建筑500余幢，除宿舍楼外，还有小学、中学、医院、自选商场、洗衣房、社会福利保障中心、图书馆、电影院、银行、运动场和教堂等。南部的教学训练区以校机关办公大楼为中心，共有各种建筑物400多座。

办公大楼以东依次为军校博物馆、学员之家、学员宿舍

圣西尔军校校景

楼和食堂。军校博物馆里陈列着身穿历代军服的蜡像人物、军校校旗、有关历史和人物资料，向前来参观的人展示办学成就。博物馆身后是学员之家，是学员们课余时间休息、娱乐、会客的去处。再向后是并排而立的10座学员宿舍楼和食堂。军官生一般两个人住一套房间，卧室内每人有一张床、一张写字台、一个书柜和一个放衣物的壁柜。套间内还有一个设备不错的卫生间。大楼以西建有军官俱乐部、共同课教学大楼、军事课教学楼，还有汽车队、勤务分队、技术部门和一个小教堂。办公大楼身后是举行阅兵式的操场，再往后有两个标准的综合体育场、一个游泳馆和一座体操房。

与过去相比，除了具有良好的硬件条件外，圣西尔军校教育的软件内容已经发生了巨大的变化。圣西尔科埃基当前军校校长博纳迈松少将感叹道："和50年前相比，现在一名中层排长所面临的环境都已经截然不同。大家都很清楚我们

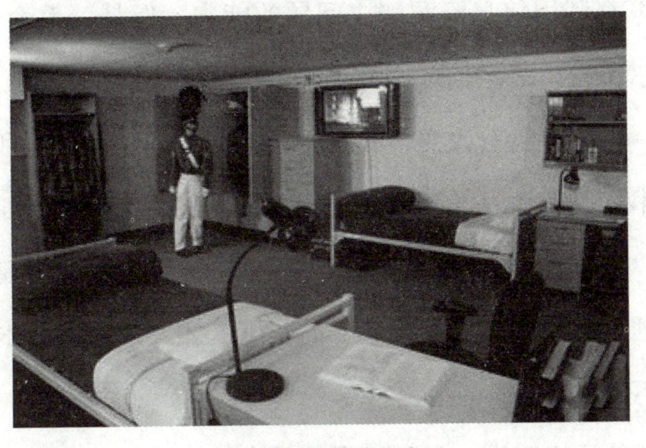

圣西尔军校学员宿舍

需要的军官是会独立思考的军官，是在战场上能有出色表现的军官。”博纳迈松校长的话，清楚地表明学校正面临信息化时代的转型建设。

1966年，圣西尔军校的优秀毕业生戴高乐总统曾担心美国对北约的控制有损法国军事的独立性，于是宣布退出北约军事一体化机构，只保留北约政治成员身份。2009年3月，时任法国总统的萨科齐又在极具象征意义的圣西尔军校宣布，法国要重返北约，但将保持法国核力量的独立性。这一举措是法国审时度势，在自身力量不济的情况下实现其大国主导作用的重大选择。而这一时代背景和法国历史地位的变迁，也正是今天圣西尔军校面临的挑战。

如今，为了适应信息时代的发展需要，圣西尔军校越来越注重学员高科技能力的培养。比如，开设信号系统、信息技术、网络应用等专业方向的课程。同时，也注重培养未来指挥军官利用信息资源解决问题的能力。但是，无论如何，圣西尔军校始终坚信：作为一个指挥员，要赢得战争，维护稳定，传统并没有改变，军官要具备指挥部队赢得胜利的领导艺术，要有激发部队求胜渴望的精神魅力。因此，如何培养出“有理想、有个性、有文化、开放、有服务意识，懂教育、善管理、有爱心、出类拔萃”的军事人才，成为圣西尔军校孜孜不倦永远追求的主题。

新的历史时期，圣西尔军校越来越注重开放办学，尤其是在指挥培训方面制订了非常好的国际交流计划，对世界各国特别是欧洲的合作伙伴提供专业的培训，他们对于来访的国际代表团系统地展现法国陆军军官学员的培训方式。

随着中国国际地位的提高，圣西尔军校与中国的交往也越来越密切，先后接待过中国人民解放军理工大学和国防科技大学访问团等军校的参观。

2013 年 7 月 1 日，圣西尔军校研究中心国防力量与全球行动部网络安全和网络防御研究委员会，还专门组织召开了关于《了解中国的网络安全和网络防御的政策和战略》论坛，参会成员包括来自美国、亚洲和欧洲的网络领域的研究员。圣西尔军校网络安全和网络防御研究委员会主席 Sogeti Thales 在开幕式上发表了关于研究大国网络安全和网络防御政策的演讲。该论坛的主题主要有两个：一是中国网络安全政策的行动和挑战是什么？中国和其他国家在网络上的合作与潜在的冲突是什么？中国网络安全和网络防御的公开和隐秘的主导部门是谁？网络世界的规则和控制方案是什么？二是西方国家如何获知中国网络安全和网络防御战略，以及如何调整自身的政策和战略予以应对？

从 1803 年起，圣西尔军校共培养了包括 2000 名国际交流生在内的 65000 名军官，其中 9639 名战死沙场。圣西尔军校的杰出校友中还有 11 名法国元帅、3 名总统、2 名王牌飞行员、6 名法国科学院院士等。

■1809年，拿破仑率领法军在多瑙河向奥地利进攻。图为法军胸甲骑兵向奥军步兵方队冲锋，虽遭受重大损失，但成功地阻止了对方的进攻。

第二章 圣西尔军校传统文化

英国学者马达·安诺德曾说："文化的视野超越机械，文化仇恨着仇恨，文化有一个伟大的激情，追求美与光明，能够催生力量和控制思想。"的确如此，圣西尔军校这所古老的军事院校，在法兰西传统军事文化的影响下，通过两个多世纪以来的历练和积淀，形成了自己独特风格的传统校园文化，那激昂的校训、厚重的校歌、别致的校服等，润物无声，永不停歇地激励和鼓舞着一代代圣西尔军校学员奋勇前进。

一、法国军事文化对圣西尔军校的影响

历史上，法国一直是欧洲大陆强国，数百年来军事文化观念的大起大落，深刻地影响着法国军队乃至圣西尔军校的建设与发展。

圣西尔军校的创立者，"战神"拿破仑跃马扬戈、称雄欧洲的时代，给法国人带来了超越时代的荣耀，也极大地将勇武善战、卫国御敌的精神基因根植于法国人的血液中，成为

圣西尔军校的灵魂，他所代表的先进军事文化一度让法国称雄整个欧洲。但可惜的是，这种精神并没有贯彻始终。

拿破仑之后，法国政府腐败，民风羸弱，国防松弛，军人的社会地位降低到令人心寒的地步，甚至连爱国心和荣誉心都成了社会舆论讽刺的对象。在巴黎一些咖啡厅之类的公共场所，竟挂着“妓女、军人与狗不得入内”的牌子，社会风气日益颓废。对此，一位法国将军曾感叹道：“人们对于是非黑白已经丧失了认识，而自私自利的心理代替了爱国心和公益心。”报考军校甚至成了被人耻笑的对象，圣西尔军校的生源质量也严重下滑。到普法战争时，法军许多士兵居然不会瞄准放枪，有的干脆违令逃跑，法军统帅、圣西尔军校的毕业生麦克马洪当了俘虏，普鲁士军队势如破竹，巴黎这座200余年的、富丽堂皇的欧洲政治、文化中心不得不挂起了耻辱的白色旗帜。

普法战争后的法国，社会思想极其复杂，带有复仇主义性质的爱国主义以及收复阿尔萨斯·洛林的决心，在巴黎和法国知识分子中开始削弱，一位作家居然说：“就我个人而言，我不会用我左手的小指去换那片被遗忘的土地。我还要用它弹烟灰呢。”这也许是反战观点中最极端的描述，但却在公众舆论中引起了共鸣。军队的士气也十分消沉，军官们自己也被和平时期军队常见的问题，如无聊、提升缓慢、缺乏动力等所困扰。军队上层和政治家们之间的猜疑增加了，一方面，政治家们想通过征兵使军队民主化；另一方面，他们又总是对军官们不放心，怀疑他们会产生独裁倾向，担心他们依靠其政治和社会力量行使更大的权力。

但是，巨大的伤痕刺激使更多的法国人一度奋起，国防意识有所增强，尚武勇锐之气得以恢复，一大批法国优秀青年包括戴高乐、朱安、勒克莱尔等都先后进入圣西尔军校学习。此外，国民经济有了很大发展，钢铁、工程技术、汽车、航空等工业走在了世界前列；铁路建设、纺织工业、电报与邮政业有了长足进步。在第一次世界大战最残酷的战役——凡尔登战役中，德国集中了近 40 万大军进攻凡尔登要塞，法军奋力抗击，巴黎乃至全国倾力支援，使德军无法越雷池一步，双方伤亡近百万人，被历史学家称为“绞肉机式的战争”。世人无不为法国军民的战斗意志所折服，法国陆军也被公认为当时世界第一陆军，圣西尔军校更是名扬天下。

令人可惜的是，法国人没有从正面吸取经验，相反却是面对 120 多万人的伤亡和被毁坏的无数财产而产生了战争恐怖情绪。法国外交部长乔治·庞纳说：“由于人们的真实感情已被战争恐怖所控制——我们要不惜任何代价谋求和平。”

国民的军事意识又消失殆尽了，比如 1928 年，法国根据国内外形势提出的国家动员法案，拖了整整 10 年才获得通过，即使是在第二次世界大战，德国已经进攻波兰，战争已经全面爆发的情况下，法国对军火的生产、军队的训练、防空设施和设备的建设，也都采取了不着急、慢慢来的态度，丝毫没有紧迫感，甚至当西欧局势已到一触即发、战争征候已非常明显时，法国仍以主观臆断代替客观形势的发展，不进行必要的戒备。

“二战”前，法国民心颓废，军威不振，失败主义情绪弥漫全国，许多人公开表示，愿意接受德军的占领而不愿战争，相当数量的军队未经交战即溃不成军。圣西尔军校的毕业生、当时法军总司令甘末林在“二战”开始不久的一个报告里说：“今天所动员的人员，在两次战争的阶段中，并不曾受到爱国的精神教育，所以他们对于决定国家命运的决斗，在精神上是毫无准备的，我方正面之所以被敌军突破的原因，即为部队的自动溃逃……”

自第一次世界大战以后，法国军事当局面对新的武器装备带来的挑战，不思进取，固执地停留在上一场战争胜利带来的经验上，认为阵地战仍将是未来战争的主要样式。20世纪20年代末期，圣西尔军校毕业生、当时已经成为法军元帅的贝当认为，筑垒阵地与步兵火器的结合使法军赢得了第一次世界大战的胜利，周密的步兵火网和坚强的堡垒防御同样是当时法国国防的根基，将国防线建成筑垒线，敌人在地面上便无法加以摧毁和超越。于是，他们花费了2000亿法郎，耗费了12年的时间，在东部边境构筑了有5600个工事、全长560多千米的马其诺防御阵地。巍峨壮观的马其诺防线，极大地增强了法国军民心理上的安全感，削弱了法国军事文化的进取内涵。

当时的法国上下一致认为，有了马其诺防线，就可以高枕无忧了。贝当甚至说：“马其诺防线防御地区没有任何危险。”甘末林甚至轻率地说：“马其诺防线就是法国的英吉利海峡，是敌人进攻的天险。”不仅如此，这些位居法军领导层的圣西尔军校的毕业生们，一个个谨小慎微，拒绝建立现代化的装甲部队，对战术革新毫无兴趣。结果是可想而知的，第二次世界大战爆发后，面对德军的闪击战，坚固的马其诺防线犹如一条僵死的水泥与钢铁堆砌的巨蟒，毫无用处，法国最终被德军攻占。

“二战”后，圣西尔军校的毕业生戴高乐担任法国总统，法兰西军事文化中的自由、勇敢精神被发扬光大了。戴高乐坚持独立自主的方针，努力恢复法国的大国地位，冒着可能与北约盟国分裂的风险，退出北约军事一体化组织，把北约盟军最高司令部逐出巴黎，并不顾美、英的反对坚持发展核武器。戴高乐说：“法国的这种做法使美国的某些方面感到不很满意，这是完全可以理解的，在政治和战略方面，如同在经济方面一样，垄断的办法对垄断者来说，总显得是最好的制度。于是，人们听到了美国非官方人士、专家和政治家粗暴地、猛烈地攻击我们的独立军备的大合唱。”并指出：“……我们法国，没有理由放弃核试验。请你们特别注意这一点，

如果同意世界上两个特权国家永远垄断这种力量，这将使世界上又建立起新的霸权，而像我们这样的一个国家对此是决不会同意的。”

基于对光荣传统和“二战”初期惨败的记忆，圣西尔军校在恢复后就一直重视恢复和发扬法兰西军事文化中的积极成分，不断反思精神力量和物质力量的关系，日益关注精神力量建设，重视军事道德教育，大力注重提升学员的国防精神。

二、为打胜仗而受训

圣西尔军校的校训是：“为打胜仗而受训”，至今如此激昂的校训在众多的世界军校中也独树一帜。

校训源于拿破仑的一句名言，1805 年 1 月 30 日，拿破仑为激励创建不到两年的圣西尔军校，令人把这句话绣在锦旗上，然后亲自授予圣西尔军校，从此，“为打胜仗而受训”就

圣西尔军校阅兵场面

成了每个圣西尔人的誓言。不管是在校的学员还是毕业生，他们都以圣西尔军校的校训作为勉励自己的座右铭，时刻提醒自己不要忘了肩负的使命与责任。

圣西尔军校的校训，还经历了一番曲折的变化。拿破仑死后，他建校时所定下的校训“为打胜仗而受训”被后来复辟的国王路易十八修改为“他们为保卫祖国而学习”。拿破仑制定的校训直至1848年才被再次启用，1870年被修改为“荣誉与祖国”。1918年圣西尔军校的校训再次被修改为“为打胜仗而受训”，之后一直沿用至今。

正如“法兰西”的拉丁语意思是“自由、勇敢”，圣西尔军校强调自由平等、顽强坚韧、呵护名节，提出了“自由、平等、顽强、坚韧”等价值观念。由于“高卢雄鸡”一直是倔强、勇敢、好斗的法国人的象征。因此，圣西尔军校在培育军人价值观时特别强调“做不屈的高卢雄鸡”。学校尤其强调军人的勇气和尚武精神，顽强的意志和勇敢的品质是军人价值观培育的重要内容。在两次世界大战中，法国虽遭重创，但其精神并未沉沦。圣西尔军校的优秀毕业生戴高乐将军曾说：“法兰西如果不伟大，就不称其为法兰西。”

圣西尔军校为法国陆军各兵种培养合格的初级指挥军官，要求学员在德、智、体各方面得到全面发展，并规定圣西尔军校的学员应具有为人师表的自豪感和为国家效劳的自觉意识，其广博的知识和健壮的体魄可以适应各种环境，有效地

管理和指挥部队。同时，学员们还应具有扎实的基础知识和工作能力，为今后担负国家赋予的较高级责任做好准备。圣西尔军校培养出来的毕业生不仅具备优秀的军人素质，还掌握高等教育的渊博知识，应该是有理想、有个性、有文化、开放、有服务意识、懂教育、善管理、有爱心、出类拔萃的国家栋梁。

在圣西尔军校悠久的历史上，已经很难确切地统计它为法国军队造就了多少值得书写的真正军人，不过，一代代圣西尔军校的学员所塑造的光荣却有目共睹。

在拿破仑一世征战埃及、欧洲时，这所军校就为这位显赫一时的法国皇帝提供了数以千计的优秀军官，他们为拿破仑赢得许多战役的胜利立下了汗马功劳，如辉煌的奥斯特里茨战役。

在第一次世界大战中，以贝当为代表的圣西尔军校毕业生，率领法国军民进行了无数次可歌可泣的战役，显示出法国人顽强的战斗意志。

在第二次世界大战黑暗的年代，又是以戴高乐、勒克莱尔、朱安等为代表的圣西尔军校毕业生们，力挽狂澜，捍卫了圣西尔军校的荣誉。

三、崇尚荣誉道德

基于对“二战”初期惨败的记忆与总结，恢复后的圣西

尔军校一直在反思精神力量和物质力量的关系，并日益关注精神力量建设，重视军事道德教育，大力提升学员的国防精神。

戴高乐曾说："为国家服务以及服从才是军人的职责、荣誉和存在的理由。"学校把忠于法兰西国家和民族作为军人最高道德准则，强调军人的爱国精神与军事职业道德的统一，强调军人要以保卫国家的最高利益为自己的天职；要求"军人在任何时候都要遵守纪律，发扬忠诚和献身精神"。

这一教育理念也反映在学校的荣誉价值观体系中。可以说，追逐荣誉观念的骑士精神在法国历来有深厚的社会文化和心理基础，因为法国人历来坚信自己是上帝的选民，对自己的民族和国家有强烈的优越感，他们珍惜荣誉的同时也倍加追求荣誉。

正像圣西尔军校的创立者拿破仑曾说过的那样，"在作战时一个主将应以保持其部队的荣誉为第一职责"，在圣西尔军校的价值系统中，校内荣誉观有特别重要的地位，学员们视荣誉为自己的遗产。

追求荣誉的现象在圣西尔军校处处可见。学校的校旗上，镌绣着"荣誉与祖国"五个大字，目的是把维护和获取军人荣誉与爱国精神并列起来，引导学员为荣誉和祖国而战；校园里矗立着骑着战马的拿破仑塑像和第二次世界大战中巴黎的解放者勒克莱尔的全身塑像，目的也是让学员们永远记住学校的光荣和骄傲。

原校内的“阵亡将士纪念碑”

每次考试后学校都要张榜公布考试成绩，而且排出名次，不及格者以红色加以区别，也是为了激励学员奋进。

职业道德教育指引着一届届圣西尔军校学员英勇奋进、屡立功勋。1870年，法国军方为表彰该校毕业生在历次战斗中的英勇表现，将“法国陆军第一营”的荣誉称号授予圣西尔军校；1914年4月12日，当时的法国总统将一枚荣誉军团的十字勋章颁发给圣西尔军校。

荣耀和光环笼罩在圣西尔军校头上，加之和拿破仑紧紧联系在一起，出了以戴高乐为代表的众多的优秀毕业生，使得许多法国青年认为：能在圣西尔军校学习是人生中十分荣幸的经历。

圣西尔军校还借助宗教信仰来强化学员们的民族精神。法兰西共和国被称为“天主教会的长女”，信教人数非常多。圣西尔军校也不例外，法国军人大多有宗教信仰。因此，利用宗教对学员进行教育，成为圣西尔军校管理教育的一种重要手段。圣西尔军校按信仰天主教或基督教人员的多少配备神甫或牧师。神甫和牧师均为正式编制内的参谋军官，在指挥官的参谋部门工作。他们一方面在军校主持宗教仪式，包括洗礼、婚礼、葬礼、祈祷等日常宗教仪式，另一方面还经常以上帝的意志对学员进行品德教育和宣传鼓动。例如，他们经常在学校举行大型宗教仪式之前，高声宣扬上帝的圣训："我们是上帝的选民，法兰西民族的命运里蕴含着历史唯物主义难以解释的某种神秘，世界不能没有法国，没有了法兰西，世界必将灭亡。"以此来激励学员们的民族自豪感，振奋士气。

圣西尔军校的博物馆每周二、三、五向公众开放。博物馆内的永久珍藏真实地反映了从建校起世世代代圣西尔人的生活。馆内珍藏了历代的制服、学员的个人物品、艺术创作、官方文件、武器、衣物和家属遗物等，成为圣西尔军校进行荣誉教育的重要基地。

学校每天早晨举行升旗仪式，会有一部分学员参加，不参加升旗仪式的学员走在路上，只要看到国旗升起就会自觉地立正敬礼，行驶的车辆也会自觉地停下来。新学员入学时会举行隆重的入学仪式，所有学员面对拿破仑骑马的雕像肃立，感受军人身份的崇高。学员着礼服时可以将参加各种活动取得的荣誉徽章佩戴在胸前，以此培养其荣誉意识。校园

设有各种纪念碑，以纪念法国的战斗英雄，每名学员都能讲出各个纪念碑的含义。学员每天走在校园里都能够回顾法国历史，使他们铭记使命。

荣誉道德教育基地——荣军院

位于巴黎的法国军事博物馆，是圣西尔军校进行荣誉道德教育的必去之地，著名的荣军院就在此处，更重要的是，拿破仑就安息在这个地方。

荣军院是1670年路易十四创建以安置战争归来的退伍军人的。工程指挥交给了建筑师拉拜喝·布喝内主持，他完成了一个拥有经典风格、宏伟和高贵的杰作。第一批寄宿者于1674年入住。荣军院集养老院、营房、修道院、医院和手工工场于一体，是个名副其实的居住区，它按照军事和宗教系统模式管理。

法国军事博物馆

17世纪末，荣军院总共为4000多名寄宿者提供了庇护。这些寄宿的人们在长官的带领下，以小组为单位分配任务。最强壮者担任看守任务，还要修筑防御工事。其他人则在制鞋、壁毯和小彩画作坊里工作。

到了拿破仑帝国时代，荣军院重新组织了机构，并且开始将圣卢易教堂改造为国家军事先贤寺。这一改革从1840年开始，并在圆顶下开始建造帝王陵墓。

现在，被归为历史古迹的国家荣军院是国家纪念遗迹胜地，曾有50个机构在那里运作。其中，在建筑物南侧有国家荣军机构、军事医院，它们仍继续保持最初的功能。而在北侧，军事博物馆的展品则替换了帝国时期的展品。拿破仑的墓地雄伟地耸立在陵墓中央，七层大陵棺置于绿色大理石上，最外层是红斑石，最内层是白铁；另外分别包有桃木、橡木、乌木和铅等。每年5月5日，法国政府必举行隆重军礼纪念其逝世。

拿破仑陵棺，这里可以看到拿破仑一句名言——“真正的伟人就像流星一样，燃烧自己，照亮他们的时代。”

四、校旗、校歌和校服

走进圣西尔军校，你会被这里厚重的校旗、激昂的校歌、别致的校服形成的氛围所感染，这些圣西尔军校独特的精神文化，彰显着古老军校的办学理念、学术气质、精神风貌和个性特色。同时，它又像已吹响的悠长而澎湃的号角一样，号召和激励每一位圣西尔人要时刻树立团队、合作意识，磨炼坚韧不拔的意志，培养顽强拼搏进取和不断反思的超越精神。

1. 厚重的校旗

一位毕业生曾说："仰视圣西尔军校的校旗，就好像在读一部圣西尔军校历经的战争史。"

的确如此，作为圣西尔军校灵魂的校旗，是在 1805 年 1 月 30 日这个神圣的日子里，由拿破仑亲自挑选的。当时他选了一面绘有"雄鹰"的战旗，在巴黎著名的火星广场将旗帜授予这所军校，作为校旗。

旗帜以象征法兰西国家"自由、平等、博爱"精神的蓝、白、红三色旗为底色，在此基础上制作，一面镌绣着"荣誉与祖国"，另一面镌绣着圣西尔军校的训词。寓意为圣西尔军校的学员们要牢记自己的命运始终与法兰西国家共存亡，他们要像雄鹰一样练就勇敢、顽强的精神，为法兰西国家效忠。

因为旗帜由"战神"拿破仑亲自挑选并授予，这也使得每一位圣西尔人骄傲无比。

老生向新生讲解学院历史

2. 激昂的校歌

圣西尔军校的校歌是一首含泪谱写的怀念往日殊荣的歌曲，音译为“加莱特”，法文原意是一种饼式点心，形状像一种盘形线圈，后来泛指圣西尔军校学员大礼服的肩章。

据说在建校初期，为了表彰最优秀学员的出色表现与勇敢精神，圣西尔军校让这些优秀学员佩戴一种猩红色带流苏穗的肩章，以示鼓励。后来，佩戴这种肩章成为圣西尔军校一种很高的荣誉。1843 年，法国国王路易·菲利普为博取人心，下了一道命令，让所有学员都必须佩戴加莱特。此举虽然得到了大多数学员的拥护，但严重伤害了优秀学员的自尊心。于是，优等生们含着热泪谱写了一首怀念往日殊荣的歌，并在当年的毕业庆典上唱了出来，“高贵的加莱特，你的名字永垂青史……”从此，这首歌便成了圣西尔军校的校歌，它

圣西尔军校学员戎装照

一面抒发了学员们的感受、追求和成长心声，同时也成为引领学校崇尚和捍卫荣誉的精神宣言。

3. 别致的校服

圣西尔军校的校服与众不同，最早定型于1852年，头上一顶配有红白羽饰的圆筒帽；上身为深蓝色立领制服，肩章为猩红色毛线编织物，带流苏穗，6枚闪光的铜扣，配一条皮腰带；下身是红色带天蓝色条饰的裤子。

帽子上的羽毛饰物颇有一番来历：1855年8月24日，拿破仑三世在巴黎迎接英国的维多利亚女王，为了表示崇高的敬意，他让参加受阅的圣西尔军校仪仗队在圆筒军帽上插上代表英国王室的红白两色羽毛。法国人把这种羽饰又叫作“鹤鸵羽饰”。因为相传就在女王到达巴黎之前不久，人们在巴黎植物园发现了这种长着红白色羽毛，学名叫鹤鸵的鸟，于是取其羽毛作为装饰。现在，学员平时穿陆军军官常服，在重大节日或举行学校庆典时则穿着校服。

五、军事领导力培养

拿破仑在和蒂博杜的谈话中说，构成将才的品质是使人在生活中成功的那些品质：敏锐、精明、头脑灵活、有管理能力、有口才——不是律师的那种口才，而是鼓动军队的那种口才，最后是对他人的了解。这里，拿破仑所说的“鼓动军队的口才”和“管理能力”就是指领导力。

圣西尔军校校长拉德迈尔少将曾说，在阿富汗地区，有时会看到一个排长有五六名顾问协助其完成任务，这是因为当士兵在平民区面临交火时，排长必须有清晰的思路理解情况的复杂性，并给出明确的指令。他必须确保自己的士兵不向平民百姓开火，因为一旦开枪，后果将非常严重。

因此，面对愈发复杂的形势，圣西尔军校提出“培养的军官们不仅要懂战术，还得成为战略家”。学校着力培养能直接到部队任职的军官，要求学员除了必须拥有较强的部队专业知识外，还要具有相当水平的领导和组织能力，以便到部队后能马上开展工作。

学校的学员虽然来自不同的社会阶层，但是无论身处何种职位，都要具有相同的美德，是国家的公民和人民公仆。在这样的认同前提下，学校要求每一名学员必须达到两个目标：一是短期目标：从排长做起，成为一名领导者、一个榜样和一名训练员；二是长期目标：成为贯穿职业生涯的一流领导者。

圣西尔军校学员入校后必须重新进行全面系统的领导能力培养，完成由士兵到军官的转变。

在科埃基当，所有学员地位平等，不同年级学员之间不存在等级现象。由于不同类别的学员分属不同学院，不同年级的学员分在不同的连或排，所以学员的自我管理主要在本年级内进行，不存在高年级学员管理低年级学员的现象。每名学员都有机会担任模拟领导职务，以积累大量的实践经验，不断提高自身的领导能力。

学员领导能力的培养主要分为两个方面，即由学员担任值星排长和有关领导能力的课程。学员排的军官每周都会指定一名学员担任值星排长，负责本排的日常管理和军事训练，时间一般为一周。军官会在适当的时间予以一定指导。如果军官认为值星排长在管理上缺乏经验需要更多锻炼，则可将代职时间延长到两周。每个连每周由一名学员来负责本连的军事训练安排，但不会由学员来负责全连的管理工作。这主要是出于与学员毕业后第一任职角色贴近的考虑。

圣西尔军校认为，军事领导力是指作为一个指挥官，首先要了解情境，能够在复杂环境中进行思考，他本身具有品质魅力，在不确定的环境中作出决策，在此基础上作出行为，在敌对环境下采取行动。因此学校培养的指挥官，不仅能够在身处危机时作出决定，在作战时，不论冲突性质如何，也能够领导部队作战。

围绕“成为领导者”的培训目标，圣西尔军校制订了具体人才培养方案，并细化了培养方针。简要来说，一名具有领导力的指挥官要达到五个要求，即了解情境—学会思考—运用品质魅力—作出决策—采取行动。在这个指导方针下，对未来指挥官的具体要求是 ：“军官能够在作战框架中立刻承担领导一个排的职责，高级军官不论在正常情况下还是在危机时刻均能够作出决定。”

为确保军校学员的初级军事教育和基础训练质量，达到军队完成多种作战任务的要求，学校将军事技能、人文和学术三方面技能进行融合，其中人文领域就包括战争、政治和领导力的锻炼。在三年的渐进式教育中，训练学员适应各种战争形式、各种战场、各种敌人和人群，控制伤亡人数，面对多国框架下的复杂战争及智力战争，为自己的信念而战，从而发挥领导力的作用。

拉德迈尔少将说 ：“在圣西尔军校的教育训练体系中，对学员知识技能培养的主要目标是培养他们的自我思考能力、解决问题能力和创新能力。一个合格军官的重要标准之一就是面对任何环境都能采取有效的行动，妥善处理危机。为考量学员这方面的能力，我们会有意把学员放到新的环境，比如创造一个实战训练环境，考察学员执行命令的情况。我们特别注重观察学员在个人能力范围内进行创造、创新的能力，因为这一切都将提升学员的领导力。”

■在第一次世界大战中，法军英勇顽强，令世人刮目相看，战后法国被公认为世界第一陆军。图为战斗间隙中的法国士兵。

第三章 圣西尔军校教育机制

作为具有悠久历史文化传统的法兰西，其深厚文化积累与思想内涵深深影响着圣西尔军校的培训教育。法国一位高级将领曾说："我们培养的人员应当能够以其军事素质、判断力、个性、敏锐的头脑、能力毫不迟疑地投入到突发形势中去。"围绕实现这样的培养目标，圣西尔军校逐步形成一套独特、完善的教育机制。

圣西尔军校的教育理念甚至对包括美国西点军校在内的美国军事院校教育产生了重要影响。由于法国是承认美国为"一个民族"的第一个国家，在美国独立后的数十年里，法国对美国高等教育产生了深远的影响。独立后的美国认识到自己建立的军事院校教育体系有待完善改进时，很自然地就求助于法国的思想和实践，西点军校历史上的三巨头之首塞耶，在任校长之前，就认识到美国的军事训练存在缺陷，必须找到完善措施。因此，他亲临欧洲实地调查法国的军事教育，为西点军校购买了急需的图书、资料。

一、无独立的领导机构

与很多军队院校不同的是，圣西尔军校并没有单独的领导体制，而是与其他兵种学院一起共设领导机构。

法国陆军的科埃基当军校城里集中了三所军校，即圣西尔军官学校、诸兵种军事学校和行政技术军事学校，领导体制设置的是军校群统一组织，具体负责为陆军培养大部分现役军官和预备役军官。法军认为这会更加有利于教育训练的协调与衔接，有利于办学风格的统一，也有利于精简机构和人员。

军校群隶属于法国陆军训练司令部，设正、副校长各 1 名，全面领导三所军校和预备役学员训练营的行政管理和教学工作。校长为少将军衔，副校长为准将军衔。机构下设有参谋部、军事训练部、教学研究部和学员培训部。此外，还有一个配合和支援教学的勤务团。

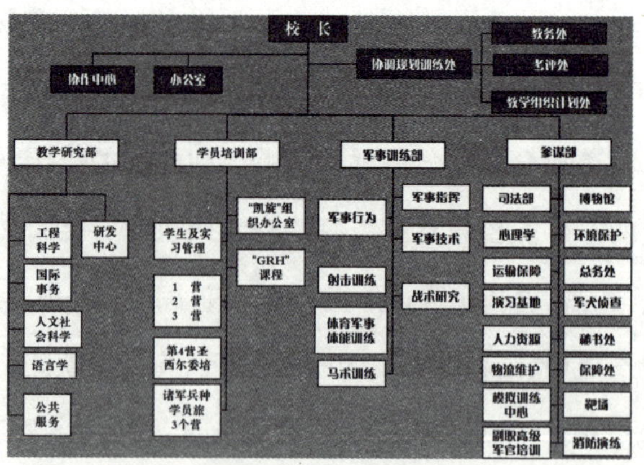

圣西尔军校结构图

参谋部下设行政处、人事处和财务处等部门，以及物流维护、培训环境、人力资源、司法部、演习基地、模拟训练中心等机构，参谋长为上校军衔。

军事训练部由副校长兼任部长，下设军事训练和战术研究教研室、体育和军事体能训练教研室（军事行为、格斗、军事体育、特种训练、骑兵训练等）、教学组织计划处、手段计划、专业技能实习和研究考评处等单位。该部训练内容主要包括核生化防护、军事地形、武器射击、军事行为、战术、战场救护、跳伞、工兵技能等。

教学研究部（DGER）负责制订培训计划、教学方案、教学规章制度、考试监督等。由 1 名文职教授任部长，下设人文和社会科学、自然科学、语言学、经济学等专业教研室和总研究室，还有教学大纲、行政、图书馆等教学保障部门。

学员培训部部长为上校军衔，统一负责所有学员管理工作。根据学员的来源，分 4 个部分进行编队。其中圣西尔军官学校的学员按年级分成 3 个学员营，每个营又按其专业分为若干个队；诸兵种军事学校则按照年级分成 2 个学员大队，大队内也按专业分成几个学员队；行政技术军事学校学制只有 1 年，每年招生 50 人左右，所以只编成 1 个学员队，队内分成几个班。

第 4 营委培学生培训的对象都是签合同分包飞行员、机械维护师、后勤保障、医疗保障等专业的人员，一般培训 5

个月，实习 14 个星期，每年 2 次。

目前，科埃基当军校城里大约有 4000 人。其中现役军官约 160 名左右，预备役军官 20 名左右，士官 290 名左右，文职人员 330 名左右，教员 260 名左右，学员约 2000 人，士兵约 800 人。干部和学员的比例为 1∶4，军官与学员的比例为 1∶13，文职人员和学员的比例为 1∶6，教员和学员的比例为 1∶8。

尽管没有独立的领导机构，但圣西尔军校却以独有的教育模式和管理特色稳健地跻身世界名校。

二、缜密的培训模式

法国的高等教育分为三个阶段：第一阶段为高中会考后，在预科或者普通高校学习两年大学共同基础课程，达到普通高等教育水平并获相应证明；第二阶段，经过考试进入大学，学习两年专业课程，毕业时获学士学位；第三阶段，经专业考试进入国家重点高等专科院校深造，做专业研究，逐级取得硕士和博士学位。

圣西尔军校的考生已达到国家普通高等教育水平，学员从圣西尔军校毕业时获取专业学士学位证书，并具有升入国家重点高校进行第三阶段学习的资格。针对这样的情况，圣西尔军校研究、制订了缜密紧凑的教学计划，并于 1983 年进行教学改革，将学制由过去的 2 年改为 3 年，目的是加强军事训练，突出打胜仗能力。

圣西尔军校学员和其他法国大学一样，每年通过一个学术等级为 Bac+2 的国家级考试进行选拔。为期三年的课程包括学术学习、军事训练、体能训练和领导力训练。

每年的 9 月至次年 7 月为一个学年，第一学年的重点是军事训练和学术训练，后两年则集中精力进行学术方面的训练，其中穿插有 1~3 周的军事训练。圣西尔军校的学员入学时即成为正式军官。

学员每年的提升都是以营为单位的，大一学员属于法兰西第一营（学员军衔），大二学员属于法兰西第二营（军衔为准军官），大三学员属于法兰西第三营（少尉军衔）。从部队招收的预备军官，特殊职责的军官在 ESM 接受短期课程，被编在法兰西第四营。

三年的学制教育，内容安排十分紧凑，节奏一环扣一环，让圣西尔的学员感到疲累、紧张的同时，也体会到个性的张扬和心情的释然，他们说“圣西尔军校是我成长的沃土”，“圣西尔军校，我爱你。”

1. 体能透支性训练期

圣西尔军校的第一年，被称为“体能透支性训练期”。主要是军事训练，培养学员的军人素质养成，使其初步具备军事指挥员的基础常识和体能。新学员的训练被称为“非人训练”，因为在这段时间里，他们将接受常人无法忍受的大负荷训练：每天跑 8~10 千米；站在烈日下晒几个小时，然后急行军；

晚上入睡后突然集合，去山林中跑几圈再睡；在大雪纷飞的严冬，5 点起床，洗脸、刷牙只能穿一条短裤，且只能用冷水。

一年的开训时间约 10 个月，分为三个阶段：第一阶段为 1 个月的单兵基础训练；第二阶段为 4 个月，与其他军校地方新学员一起，在科埃基当军营进行分队训练和战术训练，即培养排长的训练；第三阶段为 5 个月，到部队担任见习排长，学会指挥、训练新兵。除此之外，为培养信息时代学员联合作战能力，还适度安排了联合基本训练，以便为学员后来学习各军兵种相互协同知识打下基础。

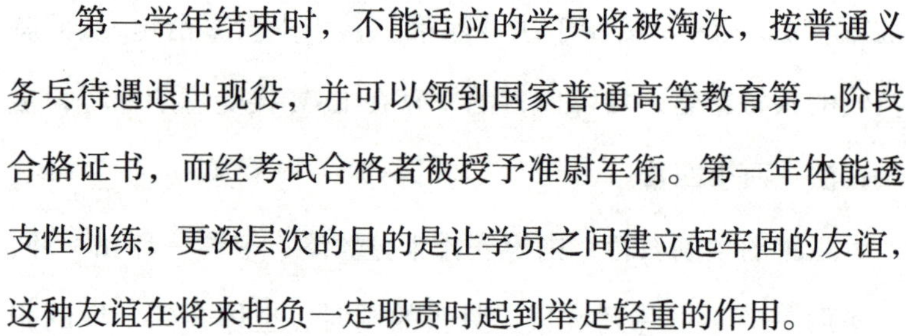

第一学年结束时，不能适应的学员将被淘汰，按普通义务兵待遇退出现役，并可以领到国家普通高等教育第一阶段合格证书，而经考试合格者被授予准尉军衔。第一年体能透支性训练，更深层次的目的是让学员之间建立起牢固的友谊，这种友谊在将来担负一定职责时起到举足轻重的作用。

2. 知识学习训练期

第二年，学员主要是学习一些具体的专业文化课，课程安排包括文化教育和军事训练两部分，其中军事训练仅占总时间的 25% 左右。

文化课占 30 周，学员按入校的志愿分别到文、理、经济各科学习专业课程，同时要求每人必修 1 ~ 2 门外语。教学中，学校注重方式方法，避免机械呆板的灌输式教学，着重启发学员独立思考、独立工作和研究的兴趣，增强其创造性。

学员在进行队列训练

军事训练共10周，前4周到国家突击队训练中心集训，然后学习陆军各兵种的连、排的训练、战术和指挥，实习2周。在跳伞训练班学习2周，最后2周参加与外军军校共同举行的军事演习，并组织到国外进行一次考察访问。第二年的合格者将被授予少尉军衔。这一时期的教学注重突出实践环节。尽可能地让学员亲手操作武器装备，进行枪支和火炮的实弹射击，了解武器装备的性能。而且教员会经常结合教学内容，组织学员到部队、社会甚至国外参观学习或短期实习。

学员上课场景

3. 素质能力训练期

圣西尔军校一直注重培养和挖掘学员的个人能力，包括荣誉观、责任感、领导力等方面。这方面的体现在第三年的教学中尤为明显。

第三学年，校方安排的内容主要是完善和深化各科知识，重点是培养学员的主动性、责任感以及作为军事指挥官的领导意识和能力。

文化课仍按专业分别组织实施，共 30 周，但教学形式十分灵活、不拘一格。学校邀请军内外的专家、学者到学校就当前共同关心的重大问题举办讲座，组织学员到国家企业或部队机关见习。

军事训练 6 周，重点培养学员的动手和动脑能力，组织他们到陆军各兵种部队实习锻炼，到海军、空军、宪兵等部队和机关见习，学习诸军兵种协同作战理论，到法属圭亚那进行为期 15 天的热带丛林锻炼，还要准备参加国庆节阅兵式。

圣西尔军校的学员在校期间学费以及生活保障（服装、

学员野外标图训练

学员反恐训练

双人间宿舍）由陆军负责。学员在夏季可享受4周的假期，在年底（圣诞节期间）可享受15天的假期，在春季可享受1周的假期。

此外，学校鼓励学员自学自研，在教学时间的分配上，都给学员一定比例的时间自由支配。学校的图书馆、实验室、信息教室等也都向学员全天开放，学员随时都可进行阅读和实验。

某些技能类课程（比如射击）如果考试不及格可以补考，有些课程则不能补考，但此类考试不及格不影响毕业。学员毕业前要与校领导进行答辩，每人须回答军事和社会两方面的问题，就所选择的问题做十分钟左右的阐述。问题涉及范围非常广，难度较大，且对不同专业的学员要求均相同。学员毕业时会得到一个等级，等级高低由每门课考试成绩决定。

毕业时学员根据其专业被授予圣西尔军校的国际关系和战略学或管理学硕士学位。圣西尔军校设有理学和工程学、现代和古代历史、现代语言学、应用现代语言学、地理、经济学、法学、计算机科学、体育教育学、政治科学和亚洲研究等专业。

第四年学生毕业后将被授予中尉军衔，并进入自己选择的专业学院再进行一年的学习，然后分配到基层担任排长。

三、互动活泼的教学方法

圣西尔军校遵循的一个指导思想是：如何思考重于思考

学员在课堂中学习场景

什么。他们认为，对于未来在复杂的战场环境中要解决的问题，大多是不可预测的，不可能预先就知道答案，只有那些具有深刻洞察力和创造性思考能力的指挥官，才能应对未知事件的挑战。在学习过程中教员采用的教学方法主要是提问式和研讨式，教员在课堂上的主要任务就是引导学员提出问题，鼓励学员发表与他人不同的观点和组织讨论。

为了让提问式、研讨式教学方法充分发挥作用，圣西尔军校采取的主要措施有：一是采取小班组多批次的教学形式。学员通常在小教室上课，人数不超10人。二是尽量减少课堂的紧张气氛。上课期间，学员可以自由出入教室，教员与学员四周相对而坐，像是开圆桌会议。教员讲课不拘一格，语调一般都很随和，像是在聊天，在课堂上甚至可以开玩笑，讲幽默故事，课堂气氛很随意活跃。三是缩小教员与学员之间的年龄差距。圣西尔军校认为，教员与学员如果年龄接近，则生理、心理基本相同，兴趣爱好相差不大，学员与教员之间没有距离感，便于学员提问。四是实行为发言者保密的规定。

规定任何人都不得在未经发言者本人明确许可的情况下，擅自向局外人泄露某人在课堂上的发言内容，违反者将以侵权论处，因而学员可以在课堂上畅所欲言。五是突出学员的主体地位。圣西尔军校认为，在整个院校教育活动中，学员居于主体地位，教员发挥的是引导作用。在教育过程中，不断加大学员自主学习的时间、自主控制的范围、自主表现的机会。

圣西尔军校在教学中对各种战术指挥活动的筹划、开展都由学员自己组织，就是演练、演习，教员也只下达任务、提供必要的资料，对方案的选择、敌情分析、组织指挥、展开实施等均完全让学员自己安排，教员只负责评判。

圣西尔军校教学时采取的教学方法主要有以下几种：

1. 大堂论辩

这是绝对的重头戏。学员学年中一半以上时间是在集体集中论辩中度过的。根据教学不同阶段的主题，邀请法国和他国的最高军事长官、战场指挥官、专家学者、政治家、企业老总来介绍世界政治、经济热点、难点和各自领域的前沿形势，并以回答学员提问的方式，进一步为学员解惑释疑。对学员有一条硬要求，也是学员之间竞争的项目，就是要求学员“用你们自己的眼睛发现的、用你们自己的脑子想到的与众不同的问题”，并要求学员敢于坚持己见，敢于向权威说“不”。

2. 对话式研讨

这是学员练能力、展才华的机会，也是学员相互竞争的

平台。每个教学单元结束后，都要进行以班为单位，有教研室及领导参与的研讨式教学评估。这种对话辩论无官大官小和行政官员之分，在学术和作战方案中人人平等。

3. 小组作业

在总体计划指导下，学员还可自愿选择不同课题，在不同范围内打乱界限，重组若干专题组，集体完成既定题目论文。

4. 鼓励性活动

鼓励学员自愿到法军陆军总部有关部门工作值班、特种兵跳伞训练、水兵登舰出海和巴黎消防队员彻夜出勤；在节假日更是鼓励学员走出家门，与社会各种形式的文化进行零距离接触。

圣西尔军校强调，明辨是非是作为学员理应具备的素质之一，通过广泛地和外界接触，可以进一步提高学员的免疫力和与不同人文接触的融合力，并树立一切按章法制度办，违反哪一条就执行哪一条法规的意识。

教学模式的主流是开放式的，其形式和氛围也要体现开放。例如：教室在整体布局上必须呈现出研讨式风格，小教室里的桌椅，呈“U”字形布置在教室三面，学员面对面就座，教官可在中间过道随意走动。进行集体讨论和辅导教学时，大家均可毫无障碍地或彼此间或与教官面对面讨论问题，交流看法；进行分组讨论和演习分组作业时，或将教室中间的隔板拉起，立时可将教室一分为二，或将简易桌椅根据需要进行重组。“U”形布局在小规模教学活动中凸显其灵活多变的优势。

四、高质量的师资队伍

作为法国的军事名校，圣西尔军校继承并发扬了法兰西崇尚自由的优良传统，学校在有限的师资编制中，广开门路，倡导博学，追随品质，最大限度地提升师资队伍的力量，确保圣西尔军校学员的培训质量。

圣西尔军校坚信只有高质量的师资队伍才能造就富有责任感的军官队伍。学校认为：军校的教员应当既是学者，又是教育家，还要成为社会活动家，同时他们还必须具有高尚的人格，并将精湛的科学文化修养与高度的社会责任感结合在一起。基于教员编制有限的情况，学校大量聘请其他军校教员和地方人员讲课，以拓宽学员的知识面，既保证了教学质量，又压缩了编制。

法军甚至采用条令的方式规定担任分队指挥、战术课程的教员必须来自部队，都必须在自己所讲述的一级战术分队中担任过3年以上指挥官，因而在圣西尔军校的战术、指挥课程中，根本不存在教员的军衔低于学员军衔的现象。在圣西尔军校中讲授技术操作的教员大部分是士官，而军官非常少。院校间教员的横向交流非常广泛，特别是在讲授不同军兵种作战协同课程时，一般均由来自于那个军兵种院校的教

Antoine Wendeck将军像

员来讲述自己军兵种的作战适用原则。

圣西尔军校要求所有教员必须具有部队实践或相应工作经验。在圣西尔军校中不存在从院校到院校的单一经历的教员，特别是指挥和战术教员，都是采取岗位轮换的方式，从部队轮换到院校，然后再从院校轮换到部队。

圣西尔军校从院长到全部教官、管理军官遵循任期两年的规定，一律有军校任职 / 任教—部队 / 指挥机关 / 海外作战任职—军校任职 / 任教的循环经历，这使得他们在军校管理和教学工作中能充分展示其丰富的实战和指挥经验，并能有效地帮助学员从理论高度去认识和总结这些经验，从而为信息化条件下联合作战进行充分的准备。对此从圣西尔军校现任校长的经历就可见一斑。

圣西尔科埃基当现任校长是 Antoine Wendeck 将军。

Antoine Wendeck 将军出生于 1961 年 7 月，1983 年进入圣西尔军校学习，毕业后选择进入装甲部队，1989 年，被任命为沃克吕兹省的第一装甲外籍军团分队长。参加了“鹰”行动（乍得）。1990 年 8 月晋升为上尉，并担任战斗装甲连的副连长，还参加了著名的海湾战争。1992 年调入驻外国部队第 13 联队，在 1992 年 7 月到 1994 年 7 月他负责指挥在吉布提的侦察连，参加了 1993 年 8 月到 12 月在索马里的维和行动。1996 年升为少校，考入高等军事学院，并于参谋部高级课程 111 期毕业，然后于诸兵种学院第 6 期毕业。1999 年被任命为外籍第一装甲团训练行动办公室主任，然后再次到乍得担任乍得法军参谋部行动办公室主任。2001 年他到巴黎陆军参谋部，担任法国陆军总参谋长的演讲拟稿人。于 2003 年被授予上校军衔。2005 年 7 月到 2007 年 7 月，担任在 Orange 的外籍第一装甲团团长。2007 年 9 月参加军事高等研修班第 57 期学习，然后参加国家防卫高等研修学院第 60 期学习。2008 年 7 月到 2010 年 7 月，担任法国陆军参谋部办公室主任。2010 年 8 月 1 日，升为准将，并且负责指挥在尼姆的第 6 轻装甲旅。2012 年 8 月 1 日，担任圣西尔科埃基当校长。

目前，圣西尔军校现有各类教员 200 余名，远远超出军校群既定的编制，这些人员主要由以下五类组成。

1. 在编的军职、文职教员

学校在编的军职、文职教员中，其中军职教员大多为校级军官；文职教员大多为教授、副教授。在编的教员几乎是教学骨干力量，承担各科教学任务。

2. 其他军校的军职教员

这类教员主要来自设在巴黎的各类高级军校，大部分为

校级军官，主要从事军事战略、防务思想、国际军事关系与战役战术等课程的教学工作。

教员在课堂授课

圣西尔军校邀请其他军校的教员兼职授课，这在法国军校中相当普遍，这样既可以节省编制，不必为课时不多的专业单独设编，同时又可以保证教学质量，因为这些教员常年教授某个专业，对情况掌握得比较新，对讲解的内容也很熟悉，而且都具有较高的研究水平。

3. 法国高教部派往军校的教员

根据法国高等教育制度规定，凡属国家重点高校，无论是地方院校还是军队院校，高教部都必须派遣一定比例的教员，以保证教学的质量和教学内容符合国家规定的要求。高教部派出的教员均有讲师以上职称，在圣西尔军校的教学中承担了重要的教学任务。

4. 从地方聘请的合同教员

从地方聘请的合同教员大部分是某一方面的专家学者或高级研究人员，都具有研究员、副教授或教授以上职称，主要承担一些文化课的教学任务。为保证教学的质量和连续性，这些教员要同学校签订合同，合同期一般为 3 ~ 5 年，而且合同必须在任教 1 年之前签订。

5. 服兵役的大学毕业生

由于大学毕业生具有较高的科学文化水平，学校还会根据情况招收部分服兵役的国家重点院校毕业生担任学校教授、副教授和专家学者的助手，个别还可以独自承担部分教学任务，以更好地保障教学需要。

可以看出，圣西尔军校教员队伍种类和层次很多，为学员接受不同层次的知识创造了便利条件，也为圣西尔军校产生新的思想和学科专业建设创造了条件，因此学员们说“圣西尔军校是开放的。”

五、较完备的教学设施

圣西尔军校的教学设施在法军院校中可谓一流，其先进和完备程度令许多同行羡慕不已。按其用途可分为军事训练设施、模拟训练设施、体育锻炼设施及文化教育和娱乐设施四大类。

1. 军事训练设施

军事训练设施主要包括：各种兵器专修室、分队战术训练沙盘室和模拟器专修室。兵器专修室又分轻武器、重武器和各兵种分室。尤其令人惊叹的是，在轻武器专修室内，收集有从古至今、从国内到国外的各种各样的手枪、步枪、冲锋枪、机关枪、手榴弹、地雷等；在反坦克兵器室，有各种反坦克导弹、反坦克地雷、反坦克炮和反坦克火箭筒，不仅

有法军装备的“米兰”“霍特”导弹，还有外军的多种反坦克武器。

在展出的实物旁边，一般都有剖面图，并附有介绍武器战术、作战使用、战斗效应等内容的文字，一目了然，便于记忆。此外，学校在基伯龙半岛的庞蒂耶弗尔华拥有一些野外训练场，还可以使用法国军队在本土和海外的基础设施进行军事训练，以满足学员作战训练实习需要。

2. 模拟训练设施

圣西尔军校在军事训练中大量采用模拟器材。圣西尔军校认为模拟训练是军队训练现代化的重要组成部分，运用现代化的模拟训练手段，能缩短训练时间，提高训练质量；可以节省大量的弹药、油料、器材等资源，减少对昂贵的实际装备的损耗；可减少对训练场地、气候的依赖，保护生态环境。

因此，早在20世纪60年代，圣西尔军校就开始增加训练模拟器的投入，逐步制定了完善的教学规范、规章和与之配套的考核标准，在训练中取得了十分满意的效果。从模拟中心所装备的模拟训练器材看，从基础训练到专业技术训练，从理论教学到应用训练，从驾驶训练到射击训练，从专业训练到战术训练，从单兵练习到分队合训，从室内模拟到野战对抗模拟，训练的各个环节都有与之配套的训练模拟器，并建有与教学任务规模相适应、设备齐全的模拟训练教室。

此外，由于法军在装备发展论证阶段时，陆军参谋部就提出与装备配套模拟器的战术、技术指标，并拨专款进行研制、采购，配套模拟器与装备，同期或先于装备配发到包括圣西尔军校在内的其他军校和部队，模拟器上使用的零部件都与同类装备相同，因此部分模拟器的价格达到同型装备价格，有的甚至超过装备价格，因而模拟器使用效率高，模拟效果好，满足了院校、部队换装训练的急需，有效地缩短了掌握新装备的周期，保证了训练质量，提高了战备水平。圣西尔军校的模拟器新老并存，既有价值 480 万美元的具有最先进的计算机三维成像、三自由度运动仿真、12 组乘员训练模拟舱分布式联网的“勒克莱尔”坦克排大型战斗训练模拟系统，也有大量简单的、使用多年的老式模拟器。教室里既有先进配套的电教设备、计算机多媒体辅助教学系统，同时也有不少动态的模型教具和一些机械模拟训练器材。圣西尔军校的模拟器生产使用、维护管理机制健全。大型模拟器都是由陆军参谋部根据训练需要提出战技指标，装备采购部门招标，由装备生产和模拟器材公司共同生产，使用装备费采购，与装备同期或先于装备配发。圣西尔军校的训练模拟器材大部分是由本国研制生产的，模拟器的管理维护人员由生产公司负责培训，模拟器的复杂维修、大修则由学校与公司签订保修合同。

学校还建有仿真射击训练系统，辅助户外实弹射击训练。该系统由靶台、电子显示屏和一个计算机终端显示屏组成。

靶台共设置十个靶位，用于各种枪械和不同姿势的射击。电子显示屏为射手提供不同场景及地形的模拟，如山地、村庄、城市巷战等。计算机终端在射手射击完毕后进行数据分析，并最终形成书面报告。射击模拟场景非常真实，包括枪械重量、射击时产生的后坐力、枪械击发时发出的声音等。圣西尔军校学员在校期间要进行 10 小时此项模拟训练。圣西尔军校的训练模拟器使用效率都很高，工作寿命也很长。法军在大力运用训练模拟器的同时，仍十分重视实装实弹的训练。法军认为，尽管先进的训练模拟器可以减少实装实弹训练，但模拟器绝不能全部代替实装实弹训练。

3. 体育锻炼设施

圣西尔军校强调培养和锻炼学员的意志、自我控制能力、勇敢果断的气质、灵敏的反应能力和强烈的竞争意识与拼搏精神，使学员具有一个正规军官所需要的强健体魄。因此，体育在学校训练中占有特殊地位。

学校认为，在战场上学员必须能够在时间紧迫的情况下，承受巨大精神与体力压力，正确地思考、判断并作出正确的

体育锻炼

决定，而确立军人所特有的人生观、价值观，树立高度的责任感、荣誉感和献身精神，就必须具有强壮的体魄。

为保证学员具有过硬的身体和心理素质，圣西尔制订了专门的体育教育计划。其中体育训练包括多种项目：田径、越野跑、骑术、剑术、柔道、攀登、健美、游泳、集体运动项目、军体、网球、射击等。同时，为了能够满足学员军事和体育训练需要，学校还设立一个体育中心、一个操练场和数个射击场。学员在紧张的学习训练之后，可以去体育场进行各种体育活动。

值得一提的是，在很多训练场内、训练器材上，都有随意涂鸦的漫画。细心的话不难发现，有一种牛头人身的怪兽经常出现，看起来凶神恶煞。圣西尔军校学员认为，那是力量的象征，是他们崇拜的对象。

4. 文化教育和娱乐设施

文化教育设施主要有：各种实验室、计算机室、电教馆、外语教学室等，以满足学员科学文化学习和现代军官职业训练的需要。实验室几乎包括了所有学科，不仅介绍有关的基本原理，还讲解其在军事上的应用以及发展趋势。

为了让学员从一开始便接触到最先进的科学技术，实验室的装备现代化程度都相当高。学校的计算机室除白天供教学使用外，晚上也对学员和教员开放。在外语教学室不仅有全套的视听设备，还装有可收看世界各国电视节目的卫星天

线，为学员学习创造了良好的语言环境。除此以外，学校还有一个藏书10余万册的图书馆，这里军事图书占了很大比例，是圣西尔军校的知识宝库。

如同法兰西留给人们的浪漫和迷人印象一般，圣西尔军校在强调尚武训练的同时，也广泛开展丰富多彩的娱乐活动，学员们在业余文化活动中也表现出法兰西人的浪漫和活跃。例如，在休息和节假日，学员可以去学员之家听音乐、会客或跳舞。跳舞是学员们最喜欢的一种活动，每到舞厅开放时间，舞厅里就挤满了学员。在这里他们可以充分放松自己，邀请漂亮小姐一起翩翩起舞，向她们展现自己的骑士风度。开放的娱乐设施让圣西尔军校学员完全可以自己决定用什么形式来度过闲暇时光，不会受到任何人的指责或非议。

第四章 圣西尔军校制度礼仪

法兰西是讲究礼仪和有着绅士风度的国家，这在圣西尔军校也有传承。尽管学校历经沧桑，但它却继承了初创时期一直保留的光荣传统，执行着严明的制度和传统的礼仪，而且这些看起来十分有趣和烦琐的礼仪制度却包含了教育因素，成为圣西尔军校教育不可或缺的内容之一。

一、入学门槛高

圣西尔军校属于法国重点高等学校，招生条件要求严格，标准也非常高。近几年，每年报考的学生几千人，而学校仅招收新生 180 名左右，录取率在 10%，竞争相当激烈，可以说被录取者都是精英中的精英。

1. 报名条件

报考圣西尔军校的考生，必须具备献身的精神、坚定的信念、顽强的毅力、正直的为人以及良好的修养。这些近乎完美的品质在后续的录取考核中均会涉及。

圣西尔军校校景

圣西尔军校的学员构成可分为以下四类：

第一类是生长军官学员，完成两年预科后考入圣西尔军校就读三年，然后前往专业军事学校学习一年，毕业后获得硕士学位。

第二类是地方大学毕业后考入圣西尔军校的学员，根据其地方大学的学习情况，在圣西尔军校学习一到两年后，再到专业军事学校就读一年，毕业后获得硕士学位。

第三类是技术与行政管理军校的学员，即在职军官培训，学制一年。

第四类是诸兵种军事学院的学员，他们全部来自部队，通过选拔考试后在诸兵种军事学院学习两年，然后到专业军事学校再学习一年，毕业后获得学士学位。

根据年度招生计划，报考之门对持有大学学位的男女考生都是敞开的。拥有学士学历者或可以上著名高等理科大学的考生，经复试后可按总名额的15%进入圣西尔军校学习。对于被工程大学录取的考生也是如此。在某种情况下，得过勋章的现役军人及法国盟国的优秀军人，经过国民议会批准后也可破格进入学校。由此可见，报考圣西尔军校的考生受教育程度基本已达到国家普通高等教育水平。

通常情况下，考生平均年龄为21岁，其中有1/3的学生不到20岁。来自圣西尔专科预备学校和地方大学的学员，有1/3来自军人家庭。考生一旦被录取，先进入圣西尔军校学习三年，然后再到兵种实习学校进行一年的兵种专业岗位培训。

2. 入学考试

普通高中生毕业后凭会考成绩进入圣西尔军校预科学校学习两年。预科学校也采取军事化管理，但学员没有军籍。预科结束后参加入学考试，考试难度大，淘汰率较高。通过考试的学员进入圣西尔军校学习，成为生长军官学员。未通过的学员可以进入地方大学学习，也可参军入伍。入伍满两年后，可向部队所在地相应机关提出申请，报考圣西尔军校。有关机关会安排考生复习考试科目，考试通过后可进入诸兵种军事学院学习，学习结束后将晋升为军官。文化课考试的录取标准男女一样。此外还要进行体能测试，包括跑步、上肢力量、游泳等项目。女生的体能要求略低。

具有报考资格的考生，学校将根据考生类别组织考核，最后择优录取。

其中，报考陆军生长军官的考生必须通过考试选拔来录取，而那些想进行宪兵军官培训的考生则不需考试。这类人员主要是被工科学校录取和有资格参加理科重点大学入学的考生。

理科、文科、经济与社会学科预备班结业的考生以及持有高等教育文凭的考生，则要参加圣西尔军校的初试和入学考试，而且只有通过初试的考生才能参加圣西尔军校的入学考试，这三类考试笔试试卷分别由巴黎综合工科公共考试试题库和巴黎工商试题库（文科和经济与社会学科）统一提供。

圣西尔军校入学考试十分严格，重点考查考生的综合素质。考试分为笔试、口试和体育测试三部分：笔试时间为 3 个小时，主要内容是各科综合性的基础知识和有关国防方面的常识；口试主要通过面对面的交谈来了解考生的人品和表达能力；体育测试则按军队标准对考生的体能进行全面考察。

考试合格后，由陆军训练部门考试办公室负责向考生发出注明入校日期的录取通知书。对于理科考试，则由综合技术联合考试部门负责通知被录取的考生。除不可抗力外，所有考生应在规定的期限内报到，否则将被视为自动放弃。到校后，经过体检并签署应征入伍证书之后才能被正式录取。录取考生先要签署为期两年的服役合同，到完成头两年的训练为止。进入第三年后再签署为期六年的第二份服役合同。

经过层层筛选之后，圣西尔军校会选出具备培养德、智、体各方面全面发展潜能的学员。之后的学习训练中，学校要求学员具有为人师表的自豪感和为国家效力的自觉意识，其广博的知识和健壮的体魄可以适应各种环境，有效地管理和指挥部队。同时，还要求学员们应具有扎实的基础知识和工作能力，为今后担负国家赋予的较高级责任做好准备。

二、条例纪律严

新生自从进入圣西尔军校，就告别了无忧无虑、自由自在的日子，他们首先要熟背各项规定，并接受长达数周的标准化军事队列操练。

学校有着明确的作息时间制度，学员的正常生活从早晨到临近深夜都安排得满满的：每天早上 6 点起床，进行 1 小时的体育锻炼；早餐后开始正课学习，每天 6 节课，到 22 点熄灯休息。

与美国西点军校一样，学校绝不允许学员为拖延找借口，认为习惯性的拖延者通常也是制造借口与托词的专家。在圣西尔军校里也有一个广为传诵的悠久传统，就是遇到军官问话，只能有三种回答："报告长官，是"，"报告长官，不是"，"报告长官,没有任何借口"。除此以外,不能多说一个字。"是"就是"是"，"不是"就是"不是"，没有任何含糊其词和考虑的时间。圣西尔军校认为，战场上的胜负只有一种，即"武无第二"。

圣西尔军校新生入学典礼

艰巨的学习任务，制度严明的条例纪律，加上生活的严酷紧张节奏，有不少新生因不能适应这种要求而中途退学，只有那些有决心、有毅力的学员才能坚持圣西尔军校的磨炼，然后在法国陆军中担任一名中尉。

公正、严明的纪律制度，让圣西尔军校的学员们一踏入校门便十分珍惜这来之不易的机会，他们个个奋发好学，成绩普遍较好，淘汰率只有2%~3%。

“尽力成为合格的军官”是圣西尔军校学员的学习目标。经过三年的艰苦奋斗，一批批军人素质优良、知识学识渊博、服务意识强烈、领导能力突出的圣西尔军校优秀生涌现，他们逐步成为有理想、有个性、有爱心、善管理的法国栋梁之材。

三、“凯旋式”毕业庆典

毕业，是每一位圣西尔军校学员极其渴望而又极度紧张的名词。一方面，他们感慨在三年激烈的竞争和严酷的训练中即将胜出，另一方面他们又恐慌落败于近在咫尺的成功岸边。可以说，毕业之际，他们小心再小心，认真又认真，尽管如此他们依然渴望和陶醉那激动人心的毕业庆典。

根据规定，毕业时学校不仅要看学员各科结业成绩，而且邀请军队和地方的专家组成毕业考试委员会对学员进行口试和答辩。历史上，因答辩不过关而梦灭圣西尔军校的学员也不乏其人。

与此同时，学校张榜公布毕业考试成绩和陆军各军种的需求名额，由毕业学员根据自己的成绩自选一个兵种或专业。学习成绩最好的学员优先挑选，依次进行。可以说，圣西尔军校的学员对自己的未来是可以掌控的，他们可以通过自己勤奋的学习取得优异的成绩，从而选择他们更加适合且愿意从事的专业方向。

走出圣西尔军校，毕业生还要到相应的兵种专业实习学校再实习一年，然后再分配到部队。

为祝贺顺利毕业的学员们，学校每年都要举行隆重的毕业典礼，包括颁发证书和举行“凯旋式”庆典。学校向毕业

庆典仪式上的学员方阵

毕业阅兵式

毕业典礼上的圣西尔军校学员

生颁发毕业证书和学位证书，同时授予中尉军衔。根据所学的专业，学员们将获取圣西尔陆军军官学校工程科学、国际关系或国防资源管理等学科的学士学位。入学前已获得学士学位的学员，可申请硕士学位。

“凯旋式”庆典，是每年学员毕业时的 7 月份，在学校广场举行隆重的庆祝活动。这一天非常热闹，学员的家长、亲友都被邀请前来观看。

仪式起源于圣西尔军校的一个传统。即学员毕业时，要进行一次射击表演，获得优秀成绩的学员，坐在一个酒桶上，让其他学员抬回营区，以示祝贺，这是一个很独特的庆祝仪式。1834 年 7 月 27 日，奥尔良大公来圣西尔军校参加毕业庆典，当毕业班学员进行打靶时，奥尔良大公走下看台，亲自和学员们一起操练，结果一炮将作为目标的木桶炸开了花。兴奋的大公大声喊道："来吧，上校们！庆祝凯旋！"于是，所有的人一齐欢呼起来。

如今，圣西尔军校每年仍举行象征"凯旋"的毕业庆典。当校长宣布完毕业学员名单，颁发过毕业证书以后，毕业班的学员们欢笑着、跳跃着，一起将帽子高高地抛向天空。

四、命名和军官晋级仪式

从圣西尔军校走出的每一名学员，对三年生活中的唯一命名仪式和唯一军官晋级仪式有着刻骨铭心的记忆。

1. 命名仪式

命名仪式是圣西尔军校的传统之一，在学员结束第一年军训，升入第二学年，正式成为圣西尔人时举行。

这个传统从 1803 年开始，圣西尔军校就以法国历史上的某个著名人物或法军的某次重大战役的名字授予一届学员，以纪念先辈，缅怀他们的英雄业绩，名字一般由当届学员讨论选定。当然，也有例外，如 1912 年戴高乐所在的班级就被命名为"非斯"届，这是为了祝贺法国与摩洛哥签订为期 50

年的同盟协定而确定的。

仪式举行的时间通常是在开学后某个晴朗的夜晚。在群星闪烁中，圣西尔军校的全体学员集合在大操场，然后在雄壮的校歌声中正式开始命名仪式。仪式上主要包括传帽、授佩刀等活动。传帽是表示圣西尔军校对优良传统的延续，由老学员传给新学员；授佩刀则是从古代授予骑士佩剑的传统上演变而来的。

首先，由校长宣布本届学员选定的名字，讲解其意义。然后，校长发出口令："男子汉们，跪下！"新学员听到命令后，迅速以右腿单膝跪地，挺胸抬头，挺直腰杆左手轻扶刀鞘，右手自然下垂，这时，老学员从队列的间隙走到新学员面前，将"鹤鸵羽饰"的圆筒帽郑重地戴在他们头上。

然后是授佩刀仪式，由新学员自选的"教父"面对新学员站好，将佩刀轻压其左肩之上，新学员用双手接过佩刀。

授佩刀仪式

这时，校长发出“军官们，起立！”的口令，学员们迅速起立，行持刀礼，接着队列从人们面前走过。

2. 军官晋级仪式

军官晋级仪式每年举行一次，地点在巴黎市中心。第一次晋级仪式于1830年举行，距今已有180多年的历史。每次晋级仪式也都有自己的名称，其中不少也是以法国历史上著名将领的姓名命名的，如“查理·弗库尔将军晋级仪式”“蒙哥拉将军晋级仪式”等。

晋级仪式的场面非常壮观和热烈，尤其是即将毕业的学员，他们晋级后不久将告别母校，个个无不心潮澎湃、感慨万千。仪式之后，还要举行规模盛大的舞会。届时，学员的女友或未婚妻、父母都来参加。舞会往往通宵达旦，被誉为圣西尔军校的一大特色。

五、“2·S”活动

“2·S”活动来源于纪念拿破仑的奥斯特里茨战役。

拿破仑一生中打过许多著名的战役，奥斯特里茨战役是最精彩的。在这次战役中，他运用集中优势兵力于主要方向、保持适当预备队、适时进行突击和追击等战略战术手段，以7.3万人的军队打败了8.7万的俄奥联军，创造了以少胜多、以谋克敌的光辉战例，充分显示了自己的统帅才能。

为纪念拿破仑在奥斯特里茨战役中的胜利，再现往日的战斗情景。1905 年 12 月 2 日，圣西尔军校的学员们穿上 19 世纪的服装，拿起老式火枪，由一年级新生扮演敌人，按当年的布阵，列队进行演练，从此形成传统。每年的 12 月 2 日，圣西尔军校都要举行这种纪念活动。圣西尔军校的学员还以奥斯特里茨法文名中的 10 个字母分别代表从 7 月到 10 月的每个月（8、9 月为假期），因为 12 月份的代表字母为 S，因此，这个纪念活动又叫“2 · S”活动。

“2 · S”活动给学员提供了一个充分展示聪明才智的大好时机。每年的这个时候，学员们都要绞尽脑汁，想些新奇的点子来营造活动气氛，使古老的庆祝活动增添一些现代色彩。

模拟战斗场景

当你参观学校博物馆时，你就会看到这样的一幅照片，它记录着前几年一次“2 · S”活动时的场景：在火光闪耀、硝烟弥漫的战场上，身穿古代军服、端着长杆火枪的拿破仑军队的士兵，排成数路纵队向敌人发起猛烈的进攻，队伍后边的一座小山包上，一名督战的军官，右手提着指挥刀，左手却拿着法军最先进的“里达”野战通信网的步话机，正非常严肃地向最高统帅拿破仑报告着战况。

从上述传统礼仪可以看出，它们给学员带来的不仅是欢乐，更是荣耀、自豪和激励，这一切将促使学员更加发奋地学习，意识到自己肩负的重大责任。

除此之外，学员中还有不少习以为常的传统。比如，每次打靶归来，获得优秀射手的学员往往被抬在酒桶上，以示祝贺；每批毕业生离校前总要聚集在一起焚烧几件旧衣服，以祈求好运；新学员入学后，老学员要把象征荣誉与勇敢的战剑授予他们，鼓励他们努力学习、报效祖国。

第五章 圣西尔军校特训课堂

圣西尔军校沧桑的发展历程、独特的人文环境以及强有力的领导力培训体系，可以把一个普通人，通过情境的安排和设计，培养成为伟大的领导者。然而这一切始终有一根链条贯穿，那就是学校设置的特训课程，如享誉全球的特种兵训练、系统的军事体能与技能训练、跳伞训练、语言表达力训练等。

这些独具特色的特训课，不仅锻炼培养了学员军事、体能、智力、道德、品格和精神等方面素质，同时也成为圣西尔军校享誉世界的金字招牌。

一、特种兵训练

圣西尔认为，军事培训必须强化方法和思考基础的能力，使得学员在以后的生涯中不断发展。因此，学员必须能够在实践中尽快掌握相关的知识和实际操作技能。

为加大训练强度和难度，提升学员在非常规条件下和异常艰苦的环境中的作战能力，学校还专门设置了特种兵训练中心，对部分较为突出的学员进行高强度特殊训练。特种兵训练中心以高淘汰率著称，强调“人比武器更重要”，为确保加入者具有特种训练的潜力，他们对成员进行严格的条件限制和考核选拔，其淘汰率在 50% 以上；对于高级班，则通过各种各样的选拔考核和测验，使候选者经受各种形式的身体和精神压力考验，其淘汰率更是高达 90%。

1. 军事基础训练

圣西尔军校在军事基础训练的科目设置上突出以体能训练为主，以提高受训学员的身体素质和心理素质。在训练中一是重视体能训练，将体能训练分为基础、技巧和冒险三个不同的阶段。主要内容包括全副武装越野、越障、攀登、游泳、潜水、负重运动、抗疲劳和抗眩晕能力训练等，其训练的时间、内容、强度远大于一般学员。

圣西尔军校特种训练所练习的是他们本民族特有的军事格斗技击术，“法式拳击”（France Sa–Vats），又叫“法国踢击术”“法国腿拳道”。这种技击术吸取了空手道和柔道的精华，在训练腿法上也有自己一套独特的技击法，格斗训练以踢打为主。

近年来，圣西尔军校特种训练中心又加强了对泰拳的研究和训练，因为泰拳虽是一种单纯的擂台格斗技术，但它的凶狠及实用性却是不容忽视的。事实证明，圣西尔军校的特种训练始终盯紧世界武术发展的最新动态，因为武术源于军事，或者说武术是军事战争的一个缩影。上述一切只有一个目的，即设法使自己处在世界众多特种作战部队军事格斗技术的最前沿。

2. 生存训练

生存训练是特种部队必不可少的训练内容。为提高特种兵在敌后的独立生存能力，圣西尔军校对受训学员十分强调野战生存能力的训练。主要内容包括适应性训练，求生训练，自救、互救和防病训练。圣西尔军校在进行特种训练时，往往把受训人员置身于深山老林、荒原沙漠，暴露于烈日酷暑、冰天雪地，使其在水断粮绝、孤立无援的环境中学会生存。

圣西尔军校特种兵训练中心依据寒冷的气候条件，选址于阿尔卑斯山区。山区冬季十分寒冷，且昼夜温差大，日落后，气温能迅速下降 10 多度。

之所以把特种兵训练中心建在这里，主要是为了提高特种兵在高寒条件下的生存和作战能力，可以说在中心受训的学员都是圣西尔军校的精英。

在生存训练中，受训学员常常处于孤独疲困、饥寒交加、昼夜无眠、野菜充饥的境地，甚至被空投到有野兽毒蛇的地方，使他们感受到野外生存的恐惧和痛苦，从而磨炼他们的意志和耐力。

特种兵训练中心除训练圣西尔军校学员外，还承训一些

野外生存训练

非洲国家的部分特种兵，这是因为法国与非洲一些国家签署了军事合作条约，每年这些非洲国家都选派人员来此训练。从另一角度说，这也在一定程度上传播了圣西尔军校特种兵训练中心的声誉。

2005 年 1 月，该中心组织数十名来自西非国家的军官在阿尔卑斯山区进行特种训练。这些来自热带地区的非洲军官在山区过夜时突遇暴风雪，山区气温骤降，造成人员伤亡。特种兵中的两名军官被活活冻死，此外还有 10 多名同时受训的非洲军官被冻伤，被冻伤的 10 多名军官分别来自尼日尔、布基纳法索、喀麦隆等西非国家。这两名被冻死的年轻军官是法国圣西尔军校特种兵训练中心的进修生，分别来自多哥和尼日尔。其中，遇难的多哥军官是多哥现任军队总参谋长扎加里的儿子。时任法国总统希拉克要求调查此事，但圣西尔军校坚决表示，在训练科目的安排上不存在任何问题。

实施渗透作业训练

事件似乎没有影响圣西尔军校特种兵训练中心的教学，反倒告诫这里的学员要更加严格和刻苦。

3. 渗透和机动技能训练

秘密潜入敌后是特种作战部队执行作战任务的前提，而快速、有效的机动是完成特种作战任务的根本保证。圣西尔军校特种训练的渗透技能训练分为空中、陆上和海上（水上）三种方式，要求人员熟练掌握各种渗透所必需的技能，同时还要学会排除故障和使用机动工具上的设备及武器。圣西尔军校在机动技能上突出了空地协同，采用直升机进行机动成为特种训练的重点。

4. 专业技术战术训练

圣西尔军校的特种专业技术战术训练，通常是在体能训练的基础上进行的军事技能训练。在训练中，突出操作训练，要求每个特种作战队员必须熟练掌握枪械、爆破和民用技术、通信指挥器材操作和驾驶。在进行跳伞训练时，要求受训学员跳出机舱后在距地面 500 米高度才打开降落伞，以缩短降落时间及确保着陆的准确性；在进行攀登训练时，要求其成员利用绳索从直升机或悬崖峭壁上自由上下等。各特种分队根据性质的不同或专业不同，在训练内容上还有所侧重，一般包括武器专业、工程专业、通信专业、卫生专业、情报专业等，目前对各种信息装备的战术训练是训练的重点。

海上作战技巧，如海上快艇突击及水下渗透突击等训练，则由海军陆战队的专家负责训练。受训学员还应是滑雪和爬山高手。

5. 射击和实战训练

不断加强实战为背景的训练，对受训学员完成任务有重大作用。

射击训练的要求有：受训学员在 5 秒钟内用手枪击中 25 米距离外的 6 个目标；用装有消焰器的狙击步枪对 200 米外的目标进行射击，命中率不能低于 93%；在夜间使用装有微光瞄准镜的步枪，在 250 米远的距离上，要能击中一枚硬币。此外，队员还要在模拟的逼真环境下，如机场、街道、高楼、室内、森林、水面、高原、沙漠等条件下进行实地射击，并能做到迅速出枪、首发命中。

圣西尔军校在特种侦察训练中，把挑选和培训假想敌作为一项重要内容来对待，要求假想敌具有与特种部队同样甚至更

强的作战能力，要求受训学员熟悉假想敌的作战原则、战术和技术。训练过程充满了血腥味。在训练场设置有上百种障碍，如山岩、断崖、低墙、石壁、深涧、洞穴、沼泽、小溪、雷区、火网、封锁区、铁丝网等。通过这种逼真的模拟训练，受训学员的战斗力得到很大加强。甚至有时还借鉴大名鼎鼎的法国宪兵干预队的实弹对射训练做法，让受训学员直接体验真实射击和“挨枪”的滋味，即让两名队员穿戴上防弹背心、护颈、头盔、面罩等全套防弹装备，然后相互射击对方防弹背心上的规定标志。这让队员能够从训练中亲身感受用实弹射击真人和被实弹击中后心理所受到的冲击和震撼。

二、系统的军事体能及技能训练

圣西尔军校要求学员必须具备强健的体魄和良好的体能。学校对学员军事体能和技能的要求很高，一年内学员就要完

技能训练

成所有项目训练，集中训练的强度非常大。在体能训练方面，强调自主式训练，学员日常训练内容包括单杠引体向上、俯卧撑、仰卧起坐、长跑等项目。各项均有严格的考核标准。学员根据自身不同情况选择训练科目，以全面提高自身体能素质并通过考核。

在军事技能训练方面，主要有500米障碍跑、射击等。障碍场设在森林中，根据实地环境共设20个障碍，每个障碍间距5~10米。其障碍设置主要是攀爬、跳跃及身体协调性方面的训练，还有一项20米匍匐，学员通过障碍的平均时间为3分40秒左右。射击训练方面，所有学员必须进行步枪与手枪的训练并通过考核。同时，也会进行其他一些枪械的射击训练，但没有考核要求。射击姿势除了卧姿射击外，还有立姿、蹲姿、跪姿、坐姿和侧卧姿等。射击分无装备射击和全装备射击（头盔、防弹衣、背囊），此外还有戴防毒面具进行射击。据了解，每届学员中会有5%~10%的学员无法一次性通过射击考核。教员会对未通过学员进行更加细致的指导以帮助其通过考核。

此外，学校还要求学员到指挥训练中心（Commander Training Center，CTC）进行针对性训练。圣西尔军校学员会在第二、三学年进行两次训练，每次为期一个月。在第二年，学员前往法国南部的CTC进行训练；第三年则前往位于南美洲的CTC进行丛林训练。去CTC进行针对性训练之前，学员

要在科埃基当进行由 11 个难度较高的障碍组成的训练。该项目需一个排协力完成（女学员同样参加），通过时间平均为 1 小时。训练目的是为学员前往 CTC 进行准备，通过训练找到不足,使其在 CTC 能够更有针对性地进行训练,提高训练效率。

除以上训练项目之外,学员在校期间还会参加跳伞、游泳、足球、拳击、橄榄球、剑术、网球、马术等体育项目的训练。

三、跳伞和马术训练

圣西尔军校一直非常重视跳伞和马术训练，从而成为其特色课堂。

跳伞训练是圣西尔军校每个学员都必须接受的基本训练。圣西尔军校认为，每个学员的生理和心理都有其极限，而跳伞训练是使学员知道他们的极限的最佳方式之一。通过跳伞训练，以及在飞机座舱的密闭空间中获得的实际经验，能够

跳伞表演

测试学员们的心理素质、勇敢精神，这一点符合现代医学要求和选拔考试要求，并因此具备必要的能力，以便参加今后可能空降的行动。

圣西尔军校拥有完善的跳伞场地，为学员提供自由落体式跳伞的训练和提高机会。最优秀的学员还可以参加国家比赛和跳伞表演，特别是参加在学校的庆祝日，每学年进行的“凯旋”军演或者是在圣米歇尔山进行的传统跳伞表演。

圣米歇尔山（Mount-Saint-Michel and its Bay）是法国著名古迹和天主教圣地，位于芒什省一小岛上，距海岸 2000 米。小岛呈圆锥形，周长 900 米，由耸立的花岗石构成。海拔 88 米，经常被大片沙岸包围，仅涨潮时才成为岛。古时这里是凯尔特人祭神的地方。公元 8 世纪，奥贝在岛上最高处修建一座小教堂城堡，1211 年后在岛北部又修建了一个以梅韦勒修道院为中心的 6 座建筑物，13 世纪后又修建了部分城墙和哥特式修道院围墙等，是法国进行跳伞比赛的传统

取得跳伞资格证是每个学员最梦寐以求的事情

地方。

在当今世界军校名校中，只有圣西尔军事还保留着马术训练。马术练习是圣西尔军校学员体育练习的组成之一，由军事训练部的军事马术部门负责。

在培训过程中，学员们要初步了解马术基本技巧，从而具备这项运动必备的素质：方法、勇气和自我控制。

他们中最优秀的学员可以参加部队和民间组织的正式比赛。

四、语言表达能力训练

圣西尔科埃基当前军校校长博纳迈松少将认为，在今天的战场上，排长不仅仅要与他的上级连长交流，有时还要和其他兵种打交道，他们可能还要接触情报部门，甚至要与警察和市长打交道，因此，学校强调对学员进行语言表达能力的训练，并将其作为衡量学员组织领导和指挥能力的一个重要方面。

教官经常组织学员就某一个重大国际事件开展讨论，要求学员积极发言，并提倡学员发表新观点、新见解。在每门课程考核时，学员必须就本课程中的某个问题发表一次演讲，与此同时，利用现代化的视听手段，把学员发言情况进行录像。有时，甚至采取“记者”采访的形式，由学员即席回答“记者”所提出的问题。

■1940年6月14日德军未经战斗进占巴黎，在“福煦大街”这条给1918年接受德军投降的法国元帅命名的大街上，德军长驱而入把历史颠倒过来，由此揭开了法军历史上最黑暗的一页。

此外，学员队各班的班长并不是一个人长期担任，而是由每个学员轮流担任一周，目的就是增强学员间的沟通交流，让所有人都能得到实际锻炼的机会，为日后的工作积累经验，提高组织管理和处理各种问题的能力。

这样的特训课堂在圣西尔军校很常见，目的主要是着眼于从根本上提高学员的素质，使其能够应付不同的场面，为今后承担更重大的责任打下坚实的基础。

五、适应与实践能力训练

圣西尔军校的培训内容非常强调学员的适应能力，包括文化意识的适应，并把其作为未来军官的两个要素之一，实际上这种对适应能力的强调是在所有级别的军官中开展的，包括士官。

从 2002 年开始，圣西尔军校的课程改革更加强调小组研讨、外国语教育和独立研究，包括在外国事务、实验室或教育设施中长达三个月的独立研究项目的完成。这些教育改革的目的不是让学员为具体的文化进行准备，而是让他们了解文化差异并准备去适应它们。例如，独立研究不仅仅是加强了学术性创造性思维，而且通过迫使他们在国外环境中安排自己的生活，帮助他们培养适应能力。

也就是说，圣西尔军校的军事教育是培养适应能力的模式。一名在美国军事院校接受教育、目前任职圣西尔军校教员的军官称，美国的课程和教学方法与法国圣西尔军校没有什么重大区别。确实，近年来圣西尔军校的改革，包括研讨班和独立项目，都同美国的军事院校相同。而且，虽然圣西尔军校非常强调语言学习（学员需要学习英语和其他语言），但是大多数语言还是欧洲语言，很少有学员会学习阿拉伯或汉语。两国的学校还是会有不同，这个不同可能就是圣西尔军校把适应能力作为关键的要素加以强调。

除了适应能力的训练外，圣西尔军校认为，指挥官在作战中所具备的能力应是在实践中完成的，而实践教学是培养学员指挥能力的有效途径。因此，在整个教学过程中，十分注重课程内容与实践相结合。

每一种类型的战术动作的讲解，教员一般只花 1 个学时的时间，在课堂上根据相关作战条令讲解战术动作的基本要点，接下来是让学员根据一个战术设定，利用 4 个学时的时间在学校战术模拟中心通过计算机模拟的方式进行图上作业，对战术动作进行模拟对抗，模拟对抗完毕后教员根据学员的实际指挥情况结合设定，对战术动作实施要领进行讲解，指出各学员在指挥过程中所运用战术的优点和缺点。第二天对学员进行分组，由 2~3 名学员组成一个工作组。每个工作组配一辆吉普车，由学员自己驾驶，去战术设定作业的现地进行演练。

在学习快结束的时候，学校和部队一起组织较大规模综

合性演习，将学员按指挥位置和指挥关系，安排到演习部队的各个分队，结合一个战术设定对在课程中所有学到的战术动作进行综合性运用演练，通过指挥实践进一步巩固学员所学到的知识。

此外，圣西尔军校还非常注重和部队联合进行实践教学。如 2013 年 6 月 29 日到 7 月 7 日，圣西尔军校第二营学员与第 93 山地炮兵团和阿尔卑斯山猎步兵第 13 营进行了演习训练。这个训练课目是训练指挥员在要求的山地区域内，在疲劳条件下进行诸兵种协同作战指挥。

第一阶段，学员按照 24 小时安排的演习内容进行训练，包括理论课、各训练科目和战术露营。在这个阶段，目的是让这些未来的军官们明白上级的命令，内部制订和分发作战计划，并且实施以及监控实施效果。

第二阶段是让学员在 24 小时内，通过学习到的知识，重新参加在指定区域内的军事行动。

六、开放办学与卡塔尔分校

圣西尔军校的教育理念之一是坚持开放办学，突出表现在设置一些开放课程和加强国际交流方面。虽然受金融危机影响，最近几年学校不再派学员出国参观学习，只迎接来访学员。但是校方仍坚持按照传统，在毕业前将生长军官学员送至国外学习三个月，在学习文化知识的同时开拓学员眼界，

校园开放日

培养其全球战略眼光。

学校设置跨学科课程。学科之间打破壁垒，并对所有学员开放，任何学员在学习本专业的基础上，还可以选学任何课程，没有任何限制。学校经常会邀请军内外著名学者、社会名流和政府官员到学校，就当前共同关心的重大问题举办讲座；也组织学员到国家企业或部队机关见习。这些措施使学员开阔了眼界和思路，并能紧跟社会和科技发展的形势，同时为培养具有创造力的学员营造了必要的条件和氛围。

学校非常重视国际交流，认为这种方式不仅能够开阔学员的视野，了解外军人才培养的状况，还能够获得第一手的军事信息，把握外军建设的最新动向。

2007 年 9 月 9 日，法国政府宣布在卡塔尔开设圣西尔军校首个海外分校，为卡塔尔和其他海湾国家培养陆军军官。

这种做法不仅对于圣西尔军校，就是在世界各国军校发展史上都是一个了不起的壮举，可谓“世界首创”。

法国国防部长莫兰在与卡塔尔王储阿勒萨尼签署联合办学协议时称：“这是一项重要的计划，它在海湾地区将是独一无二的。”的确如此，要知道，世界其他军事名校为了保持“血统”的纯正，还没有在国外开设分校，这也显示了法国加强在该地区影响的努力。

圣西尔军校在卡塔尔设立分校，有利于法国和卡塔尔的关系，卡塔尔军队 80% 的装备是由法国提供的，卡塔尔正依照法国模式成立宪兵队，法国军人经常前来卡塔尔执行任务。按照两国达成的协议，圣西尔军校卡塔尔分校从 2011 年开始招收学生，每一届学生人数大约为 50 人，首批军官在 3 年后毕业。学校将以法语教学为主，教学经费由卡塔尔承担，担任教师的 80 名文职人员和军人由法国方面提供。

卡塔尔分校的学员将得到和圣西尔军校本校一样的教学，除此之外，学校根据海湾国家的实际需要，对教学内容和课程设置作出一些调整。为了提高学员的法语水平，圣西尔军校从 2009 年起在卡塔尔开设预备班，以便让报考的学生达到所要求的法语水平，首届学生将从这批人中选拔。

目前代表 20 多个国家的 80 名留学生在圣西尔军校就读，他们是盟国和友好国家的军官和准军官，同时学校也向其他国家的军官培训学校派遣留学生。

第六章
圣西尔军校名人轶事

一、法国民族英雄——戴高乐

戴高乐是圣西尔军校的优秀毕业生，他被誉为法国人民的骄傲，也是圣西尔军校的骄傲。

法兰西第五共和国总统——戴高乐

戴高乐是继拿破仑之后，在法国历史上又一位划时代的传奇人物。曾有人对戴高乐这样评价：戴高乐这个由昔日造反小卒而一跃成为法国一代君主的人，他的个性和统治历史可以用下面几个词来加以概括,那就是“无畏、自尊、爱国、顽强、独立、稳定”。

戴高乐的战友和他的敌人都认为：毫无疑问，他是一位历史巨人。

少怀壮志

戴高乐于1890年出生于法国里尔一个教师家庭，父亲早年从戎，曾参加了1870年的普法战争，并获得了一枚勋章。之后，父亲以教书为生。戴高乐自幼就憧憬戎马生涯，向往军人生活。

1903年12月22日，戴高乐13岁生日时，母亲亲手为他做了一个生日蛋糕。当蜡烛点燃的时候，戴高乐当着全家人的面许了一个愿："我将来准备报考圣西尔军校，做一名军人。"父母亲很赞同儿子的选择，但同时告诫他，如果现在不专心致志地学习，将来就别想进军校的大门。

戴高乐听从了父母的告诫，开始用心学习。由于他的聪明好学和超强记忆力，很快就成了班上的尖子学生。业余时间，戴高乐仍然没有放弃学诗写诗。15岁那年，他写了一篇短诗剧发表在一家文学刊物上。

童年时代的戴高乐

少年时代的戴高乐身体发育得很快，和同班同学比起来高出一大截。这是遗传基因的作用，也是他从小喜欢运动的结果。1907年，戴高乐进入了一所教会学校读中学。

1909年8月，戴高乐终于实现了自己童年的梦想，顺利考入圣西尔军校，开始了他的军人生涯。戴高乐的入学成绩属中等，但是非常难得的是，当时的法国，军队正面临着相当大的困境，圣西尔军校也处于不景气的形势，戴高乐仍然矢志不移，进圣西尔军校去寻找他的法兰西梦想。

后来他在《法国和它的军队》中写道："我之所以报告圣西尔军校，完全是为了阿尔萨斯和让法兰西旗帜发出耀眼的光芒。"

圣西尔军校生

考入圣西尔军校第一天，戴高乐在日记本的扉页上写下了他所钦佩的法国教育家埃米尔·法盖的一句名言："军队是祖国的灵魂，暨祖国的本身。"而他的第一则日记又这样写道："军队是座堡垒，它将决定一切。如果堡垒倒塌，只有依靠它本身才能把漏洞补上。在这动荡的四分五裂的国度里，如果有复兴的希望，这个希望将在军队里产生，当我穿上这身军装时，我知道这意味着什么了……"

按照学校规定，圣西尔军校录取的新生入校前必须当兵一年，戴高乐被派到驻阿腊斯的法军第33步兵团第9连。但是，日复一日的军事操练和削土豆皮之类的勤杂，使戴高乐感到非常寂寞和失望，就好比满怀激情的热吻，却吻到了一块坚

硬冰冷的岩石。后来，他这样回忆道："我那时真的这样以为，任何一个天才的联想家，都绝不可能找到削土豆皮与爱国和收复失地有什么必然的联系。整天操练，却从不讲述军事技术、战术战略，难道血肉之躯可以练到能够抵御枪弹的程度？"当时，他唯一可以寻求慰藉的是到坐落在一个古修道院里的阿腊斯市图书馆读书，那里有僧侣们精心收藏的图书。但是却因此被人认为性格孤僻，因而影响了他的部队形象。后来有人问他的连长德帝尼上尉，为什么不把戴高乐提升为中士，上尉答道："我怎么会提升他为中士呢？他即使当上大元帅也不一定称心如意呢！"

年轻时的戴高乐

在第 33 步兵团当兵的一年时间里，戴高乐几乎阅读了阿腊斯市图书馆里的所有书籍，他的勤奋好学在学员里是出了名的。

一年实习期满后，戴高乐真正进入了圣西尔军校，在这里度过了他难忘的两年时光。这时的戴高乐，英俊魁梧，体形高大匀称，肩上总是佩戴着阔绰的红色带穗肩章，脖子上围着金色刺绣的高领，头上戴着夺目的头盔。

戴高乐在圣西尔军校里是一位引人注目的人物，这不仅是因为他身材高大，还因为他与众不同的活跃性格。在学校里，同学之间开玩笑是家常便饭，大家根据戴高乐的身材和大鼻子,给他取了“大夏尔”“芦苇”“公鸡”“西哈诺”等绰号，对此他从不见怪。在圣西尔军校为庆祝“胜利日”而组织的一次歌舞演出中，他一会儿扮演“乡下的未婚夫”，一会儿又在杂技表演中扮演小丑，诙谐幽默的表演常常逗得同学们捧腹大笑。有一次，同学们和他开玩笑，让他站在桌子上发表了一通爱国演讲。他毫不畏色，演讲时时而言辞尖刻，时而痛心疾首，时而慷慨激昂，时而扼腕叹息，博得了同学们的热烈掌声。在同学们的眼里，戴高乐既是一个风趣幽默的人，同时又表现出一种与众不同的冷静和孤傲的性格，大家一致认为戴高乐将来一定会有所成就。

就读圣西尔军校时戴高乐使用的军刀

戴高乐就读圣西尔军校的笔记本里，摘录有维克多·雨果的名言："风格简洁，思想精确，遇事果断。"显然，这12个字是他在圣西尔军校的座右铭。这表明，他已开始刻意培养自己这样的性格。他常在即席发言中，引经据典，精确列举历史年代日期，令人瞠目结舌。

当时的圣西尔军校，训练和作息时间相当紧张。早晨5:30起床，6:00吃早饭，然后学习到7:00，再练2小时体操、击剑和马术。此后又是学习，直到吃午饭。下午，学习军事课到4:30，然后自习到7:30。晚饭后自由活动，9:00点名，10:00熄灯。讲授的课程有军事历史、地理、地形、行政管理法规、工程和炮兵。此外，还有野外实习和强体力训练。除击剑、早操、骑马、靶场打靶外，还要定时擦枪、洗衣、打扫卫生。从早起床号到晚熄灯号之间，一切都有安排，很少有休闲和娱乐时间。

1912年，戴高乐以全校第13名的成绩毕业，被授予少尉军衔。毕业时，在所修课程中，他的步枪射击成绩较差，但其他武器的射击、马术及击剑均为良好，军事历史、地理、地形、行政管理法规、工程和炮兵均为优秀，尤其在野外演习和强体力训练中表现更为突出。

由于戴高乐性格孤傲，一位教官在谈到戴高乐时说："除身材高大外，余皆平平。"受到这种讽刺后，戴高乐在授衔仪式上竟宣誓说，他将永不从事政治活动。

而班上的尖子是阿尔方斯·朱安，后来成了法国的一位元帅。

1913 年 10 月，23 岁的戴高乐晋升为中尉。他手下的士兵大部分都是法国北方人，有矿工，也有农民。他们粗犷强悍，自尊心强，能吃苦耐劳，令戴高乐非常满意，官兵关系相处得十分融洽。戴高乐在后来的生涯中谈到法国人民时，首先想到的就是法国北方人。

1914 年 7 月 28 日，第一次世界大战爆发。8 月 3 日，德国对法宣战。戴高乐所在的第 33 步兵团第一营被紧急调往北部边界。9 年以前，15 岁的戴高乐曾做过一个噩梦，梦见德法战争在 1914 年爆发，他参加了一次战役，于 8 月 15 日阵亡。结果，梦中的事除了阵亡的结局之外都应验了。

第一次世界大战初期，戴高乐跟随他的团队参加了比利时境内的一次战斗，负了伤；随后他又在战斗中两次负伤。1916 年 3 月，戴高乐在法国东北部都奥蒙指挥一个连队作战时，中弹昏死在阵地上。

第一次世界大战时期的戴高乐

等他从昏迷中醒过来后，自己已经沦为德军的俘虏，被囚禁了2年零8个月。最初，他被关在弗里德贝格的战俘临时收容所，他刚刚恢复健康，就开始挖地道，并通过地道逃到了荒郊，可是他个子高，躲不住，又被抓住了。第二次尝试也失败了，因为他偷来的德军制服短得几乎连肘部和膝盖都遮盖不住。第三次试图逃跑也未成功。此后，戴高乐被转押到因戈尔施塔特的惩罚营，他在那里结识了其他一些逃跑未遂的勇敢人物，如雷米·鲁尔，此人后来成了《时报》的专栏作者，经常撰文支持戴高乐；贝尔热·莱弗罗尔，后来是戴高乐著作的出版商；卡特鲁少校，他在1940年任法属印度支那总督，他最早响应了戴高乐将军对全体法国国民的号召。第九号城堡关押了200多名军官，有法国人，还有英国人和俄国人，俄国军官中有一个23岁的年轻人，名叫图哈切夫斯基，后来作为苏联红军元帅，当过伏龙芝军事学院的院长。

2年零8个月的德国监狱生活的确令人沮丧，但对戴高乐来说却非虚度，他以德文报纸作材料，精通了德语。直到1918年11月德国战败投降，他才重获自由。

执教圣西尔军校

1919年，戴高乐应募在波兰军队任职，并被授予波军少校军衔。在此期间，戴高乐提出了步兵和坦克在空军配合下协同作战的理念，被聘为波兰朗贝脱夫军事学院战术教官。

1921年，回到法国后，戴高乐再次进入圣西尔军校担任教员，教授战术史课程。这时，他阅读了一些战争史的书籍，并根据自己在第一次世界大战中的体验，深信未来战争中技术兵器将起到十分重大的作用，提出了在空军紧密配合下，使用步兵和坦克联合作战的观点。

这时的戴高乐时常感到烦恼和惭愧，因为在这个年龄，马其顿的亚历山大已经征服了半个世界，拿破仑已经当了好几年将军，而自己还仅是个小上尉，这种怀才不遇的心理使戴高乐变得有些落落寡合、粗野无礼。

在圣西尔军校执教期间，戴高乐决心把课讲得出色动人。不过，尽管他在德军战俘营里给难友们做过报告，在波兰也借助翻译给波兰军官上过课，积累了很多独特的经验，而且口齿伶俐，博闻强记，历史知识也不错，但还不足以得到学员们的满意和信任。戴高乐身材过高，体形不雅，姿势呆板，而且喉音重，极易嘶哑，这一切增加了他与学员们接触的困难。况且，戴高乐虽然表面沉静，但讲起课来往往非常激昂，容易冲动，这对一个教员来说是很危险的。因为在讲课时即使稍有一点失控，都会引起不良反应。只有真正好的演说家，才能打动人心。幸亏，戴高乐就是这样的一位演说家。

有一个学员曾生动地描述过戴高乐讲课时的情景。他写道：戴高乐讲述在1870年战争中的一次不幸，特别是在维尔特附近失败的历史情况。由于将领们无能，调动军队错乱，

导致法军3.5万人对德军13.5万人作战。法军士兵虽然作战英勇顽强，终因寡不敌众，被敌人击溃。在讲课结束时，戴高乐这样说道：“就这样，麦克马洪元帅大哭着走到自己的士兵中，突然，一个步兵上士向他提问道：‘元帅阁下，我们真的因怕死而惊慌失措了吗？’”说到这里，戴高乐用右拳一下擂在讲台上，继而突然用响亮的声调说：“没有，人们没有被死吓倒，请起立向为不幸而忧伤，但未丧失任何自豪和勇气的人致敬吧！”

一件本来非常令人伤感和有些夸张的东西，从戴高乐嘴里说出来，却显得很自然，如此具有感染力。逐渐地，他讲起课来滔滔不绝，并具有不可抗拒的说服力，深受学员们欢迎。

进一步深造

圣西尔军校的年轻教官们都想去高级军事学院深造。戴高乐也不例外，他于1922年考入高级军事学院，在129名录取的考生中名列第36名。在推荐信上，圣西尔军校副校长这样写道：“该军官具有很高的军事素养，他本人也知道这一点，知识广博而扎实，能力很强，具有快速领悟问题和解决问题的出色才干。他的课程很受欢迎，得到了学员的高度评价，被誉为演说家，所以对学员具有很大的影响，他准备报考高级军事学院，将来肯定会得到录取和获得成功。”

由于在圣西尔军校打下了良好的基础，戴高乐在高级军事学院的学习成绩非常优异。同以前一样，戴高乐使命感非常强烈。他的一个同学名叫沙文，后来当了将军，曾有一次对戴高乐说：“我感觉您注定会走大运。”而戴高乐的回答是：“是的，我也有此感觉。”

戴高乐毕业后到美因茨莱茵区法国司令部任职。1932 年，已晋升为少校的戴高乐服役期满回到了法国，被任命为最高国防委员会秘书，他在这个岗位上工作了 5 年。1934 年戴高乐出版了《走向现代化的陆军》一书，他在书中批判了征兵制等现行的制度，提出应当建立一支以精锐的机动坦克部队为先导的现代化军队，以适应未来战争的发展。他强调机械化部队在现代战争中的作用，主张建立规模小、机动性强的职业军队，在步兵、空军协同下大量集中使用坦克。同时他还贬低了被军方当权派视为坚不可摧的马其诺防线。他的这些观点，无疑是同当时的军事制度唱反调，使军队当权派大为不满，因此也一直都没被重用。

1937 年，戴高乐任第 507 坦克团团长，晋升为上校。当德国向法国大举进攻时，戴高乐所预见的大溃败出现了，坚固的马其诺防线没有起到作用，德军的坦克直接占领了法国北部。戴高乐受命组建第 4 装甲师，率部抗击德军入侵，晋升为准将。因战争中的出色表现，戴高乐又出任法国雷诺内阁负责国防事务的副国务秘书和陆军部副部长。他曾建议将法军部分兵力撤往北非继续战斗，但未被采纳。

国之柱石

1940 年 5 月，法国沦陷。当狼狈不堪的法国政府逃到波尔多准备停战时，戴高乐来到了英国。戴高乐到达英国后，就着手组建法兰西抵抗运动。他动员流亡在英国的法国同胞团结起来，积极参加到拯救法国的运动中。他在伦敦通过无线电广播发表公告，号召法国人民继续抵抗德意法西斯的侵略。他在一次演讲中说 :“难道一切都完了吗？我们必须放弃一切吗？我对这些问题的回答是，不！无论发生什么事情，法兰西抵抗运动的火焰不能熄灭，也不会熄灭！”最后，他呼吁道 :“我，戴高乐将军，邀请在英国领土上的法国官兵和工人技师与我取得联系。让我们团结起来，为法兰西而战斗！”

当时，戴高乐还是一名不出名的法国军官，但他的这番演讲引起了英国首相丘吉尔的重视，丘吉尔曾是英国著名的桑赫斯特皇家军事学院的学生。凭着直觉，丘吉尔感到这位戴高乐将军将成为掌握法兰西命运的人。于是，1940 年 6 月 28 日，英国政府承认戴高乐将军是“世界各地自由法国人的领袖，他们将团结在他的周围，以捍卫盟国的事业”。随后，苏联承认戴高乐为法国抵抗运动的领袖，美国也承认戴高乐的委员会“有资格行使法国的行政权”。戴高乐成为法国抵抗运动的领袖，积极争取法国殖民地参加抵抗运动，并组建“自由法国”武装力量，配合盟军作战。

1943年6月，戴高乐在阿尔及利亚任法兰西民族解放委员会主席，一年后出任法兰西临时政府主席。1944年6月25日，当一身戎装的戴高乐返回巴黎时，他已成了法国的象征。200万法国人的民族激情被激发了，他们拼命向戴高乐欢呼。戴高乐成了法兰西的民族英雄，成了法国当之无愧的领袖。在关系国家生死存亡的历史关头，戴高乐站在斗争最前列，为反法西斯战争的胜利和法国的解放做出了重大贡献。

戴高乐在他漫长的军旅生涯中，坚持严以律己，讲求纪律和原则，传承了圣西尔军校严谨的校风和优良的作风，现节选几个片段，以飨读者。

严于治军，关爱士兵

1926年底，戴高乐被提升为少校，受命指挥第19步兵营，驻防德国莱茵区的特里尔。戴高乐对部队要求十分严格，一丝不苟。通过频繁进行军事学习、队列训练，打靶或各种竞技比赛，使士兵们时刻处于警戒状态。他要求部队经常开展体育比赛，参加戏剧表演或者联欢活动。还常常把士兵召集起来听他的讲演，从各方面提高下属的修养。

1928年、1929年之交，凛冽的寒冬笼罩着德国被占领区，气温下降到-25℃，一场流感袭击了整个地区，仅驻莱茵区的法军就有143人丧生。公众舆论为之哗然，愤怒的国会要求予以追究。法国陆军调查委员会为了弄清事实真相，对戴

高乐指挥的第 19 营也进行了调查。

调查结果表明，尽管少校执行纪律非常严厉，但对士兵的关心却最为突出。国会调查委员会成员皮科上校在报告中说 :“轻步兵第 19 营有大批人死亡，但这次不是因为对士兵照顾不周所致，该营管理极为出色。”他接着对那些肃静下来的政治家们说，戴高乐少校在得知一名无亲无故的战士死亡时，坚持要亲自为那位年轻士兵服丧。

执行纪律，不畏权势

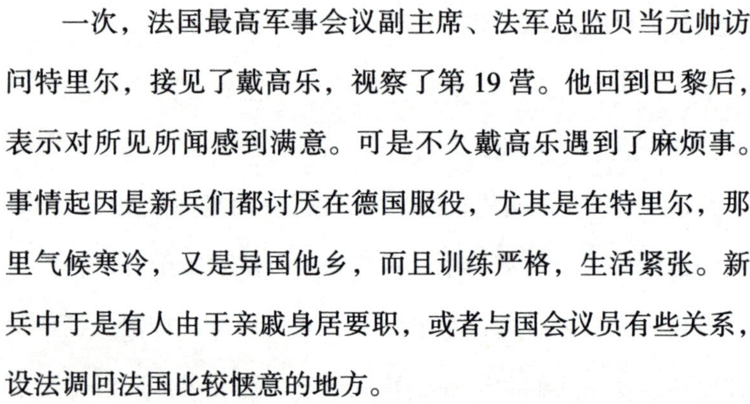

一次，法国最高军事会议副主席、法军总监贝当元帅访问特里尔，接见了戴高乐，视察了第 19 营。他回到巴黎后，表示对所见所闻感到满意。可是不久戴高乐遇到了麻烦事。事情起因是新兵们都讨厌在德国服役，尤其是在特里尔，那里气候寒冷，又是异国他乡，而且训练严格，生活紧张。新兵中于是有人由于亲戚身居要职，或者与国会议员有些关系，设法调回法国比较惬意的地方。

戴高乐为此大发雷霆。他宣布，凡试图调往他处的士兵一律应受惩处，并通令全营士兵，对营长的这一通告每天读上一遍。恰巧，通告颁布不久，戴高乐收到一份正式电令，要求调动他手下的一名士兵。戴高乐未按电令行事，反而把那个通过一位议员的关系想调走的年轻人关了两个星期禁闭。这下惹了祸，那位议员向陆军部告了一状。

于是，陆军部下令调查此事。莱茵区驻军司令吉约马将军对戴高乐大加训斥，并提醒他说，由于拒不执行陆军部的命令，他至少会受到关60天禁闭的处罚；要是部队把事情看得再重一点，或许还会受到停职处分。为此，戴高乐赶往巴黎，向贝当元帅申述了事情的原委。贝当元帅出面向陆军部长说情，才决定不予追究。

“摩托上校”

在圣西尔军校学习期间，戴高乐思想活跃，勤于思考，在军事理论上敢于提出自己的见解。他不同意多数人“刺刀比枪炮优越”的观点，而强调人力在战斗中的重要作用。他的观点受到上级赞誉。后来，戴高乐在圣西尔军校任战争史教员期间以及在高级军事学院学习时，根据自己在“一战”中的体验，深信未来战争中技术兵器将起十分重大的作用，进而提出了在空军紧密配合下使用步兵和坦克联合作战的观点，坚信战争将主要依靠高度机械化的地面部队的主动进攻取胜，单纯构筑坚固阵地的消极防御战略必将被淘汰，所以法国应该发展机动性强的坦克机械化部队。这些都表明了他在军事理论方面的远见卓识。

戴高乐明知坚持自己的观点会影响毕业考试名次，甚至还会影响毕业后的工作分配，但他在最后一次考核演习中，仍然按照自己的观点制订演习计划，指挥演习部队。结果得罪了不

少人，使戴高乐想进军队最神圣的部门——总参谋部的希望成为泡影。尽管如此，戴高乐并不后悔，仍无意放弃自己的观点。

关于建立机械化部队的辩论到 1937 年底才引起新任陆军部长达拉第的重视。戴高乐因此被列入晋升名册，被任命为驻梅斯的第 507 坦克团上校团长。在这段时间内，戴高乐感到如鱼得水。他劲头十足，特别在坦克战和快速出击演习方面倾注心血，以期通过各种演习，力求使每个驾驶员、射手和机械师都能充分发挥机械化装备的作用，并在实践中去检验他的理论。戴高乐的努力引起同行们的关注，大家怀着敬意半开玩笑地叫他“摩托上校”。

二、荣辱参半的军事家——贝当

圣西尔军校毕业的众多将帅中，大多数戎马一生，功勋卓著，一生辉煌，但也有少数是大起大落，即先红后黑者，贝当元帅就是其中之一。他在第一次世界大战中，作战思想先进，用兵灵活，战功显赫，曾任法军总司令、元帅。但在第二次世界大战到来时，作战思想变得保守落后，将“一战”中的经验绝对化，特别是实行了亲法西斯德国路线，支持德国入侵苏联，迫害法国爱国者，走到了人民的反面，从而被判无期徒刑。他的一生可谓荣辱参半。当然从圣西尔军校乃至整个法国军事的角度看，他是一个重要的人物。

贝当于 1856 年 4 月出生在阿拉斯附近一座平凡的农舍中。他的家族出自朴实的阿拉斯农村社会，之所以投入陆军，可能是受到一位曾叔祖父的影响，那就是曾在拿破仑手下官至帝国元帅的勒菲弗尔。

贝当像

1875 年，贝当中学毕业，并以优异的成绩被圣西尔军校录取，接受系统的军事理论和军事训练。贝当的体形仪表可以当作圣西尔军校的商标，在圣西尔军校的操场上很难看到比他更英俊的军人。有人说他像一座大理石像，像博物馆中罗马元老的塑像，其风度的健美令人一见难忘。

1878 年，贝当从圣西尔军校毕业后即志愿加入新成立的阿尔卑斯山地兵团。他在山地部队中服役了 5 年，此后又调到步兵单位继续服役。

贝当在山地团服役的日子里，并没有因为闭塞无聊的生活而放松对军事理论的探讨。在这期间，他持续不断地发表了数篇军事论文，提出了许多新见解，在法国军内外产生了不小的震动。

1888 年，贝当被他当年的老师调回圣西尔军校担任教官，

当时正值普法战争后期，法国战败，割地赔款。德国担心法国会东山再起，因此加紧备战，以武力威慑法国，使法军在军力对比上处于劣势。此时的法军内外占统治地位的仍是进攻战略思想，贝当却提出了一整套以防御对抗进攻为中心的军事理论。他认为，组织良好的防御对迟滞敌人进攻是最必要而且是最为行之有效的，而以进攻对抗进攻则不仅要具有优势的兵力，还要具备充足的火力，才能够胜算在握。

可想而知，在法国军内一片为普法战争失败而复仇的呐喊声中，贝当的这一防守理论显然不合拍，因而被与其理论相左的军事长官所弃用。正是因为不识时务，连累到他的军阶也长期得不到升迁，直到第一次世界大战前夕，已经 58 岁的贝当还只是驻扎在阿腊斯的一名步兵团上校团长，到了面临退役的年龄，要不是因为第一次世界大战，这位圣西尔军校的毕业生可能不会在法国历史上留下自己的名字了。

第一次世界大战中贝当任旅长、师长、军长、集团军司令，先后参加马恩河战役和阿拉斯、香槟等战役。1918 年 11 月，第一次世界大战结束，包括法国在内的协约国一方取得了胜利，贝当也因卓越的战功而被晋升为法国元帅。

圣西尔军校步兵出身的贝当对于炮兵的使用，所具备的知识和经验甚至连许多炮兵专家都自叹弗如。在阿托斯会战时，据说他对每一门炮都曾亲自放列。到 1915 年，他已经是军界中获得广泛尊敬的军团司令，尽管在军界以外还是鲜为人知。甚至一向自命不凡的英军总司令黑格也在日记中说："我发现他做事认真、学识过人、要言不烦。尤其是最后一点在法国人中更是非常少见。"贝当已经发展他毕生所信仰的火力论，他说："攻势是前进的火力，守势是停止的火力……炮兵征服，步兵

一战时的贝当

占领。"贝当认为不应用人来对抗物，消耗敌人应用火炮来达成，而不能用没有保护的步兵。他的办法是首先使用一系列有严密计划和有限目标的节约兵力的攻势，来消耗敌人，等到敌人精疲力竭之后，才发动最后一击。虽然有人觉得贝当是过分小心，但事实上，他不仅是冷静合理，而且真正爱护他的部下。在马恩河战役中，当步兵们匍匐在德军炮火射程之内时，贝当亲临前线和他们同生死共患难，而不像其他将领躲在火线外，只命令他们的部下去拼命送死。有一次他向一个被击溃的团训话时说："当你们进攻时高唱着马赛曲（法国国歌），那真是伟大。但下次你们可以不需要再唱了，因为有足够的火炮来保证你们的攻击成功！"他说话算数。到了

贝当戎装照

1915年底，部队对他也就产生了信心，知道如果他要发动一次攻击，那一定是有某种理由，他绝不会像那些雄心过火的将军们一样，会为了攻占敌人少数几码长的堑壕而让部队做无意义的牺牲。

贝当生活在基层的时间最长，深知士卒的甘苦，这是其他高级将领所缺乏的最宝贵的品质。他知道伤兵是如何痛苦，一般士兵的生活是如何艰辛。有一次，一位营长正当午饭送到时接到备战的命令，他就命令部队空着肚子立即出发。贝当知道这件事之后不禁大怒，他说："这个人简直不配当下士！"

也许是命运悲剧的讽刺，这位最富人情味的将军却在第一次世界大战中指挥凡尔登战役这个最不人道的战役；在第一次世界大战中最成功的法国元帅却成了第二次世界大战中最失败的法国人。

1920~1931年，贝当任最高军事委员会副主席兼陆军总监。1925~1926年，他指挥法军镇压摩洛哥民族解放起义。1931~1934年，他任防空总监、陆军部长。任内，他墨守第一

在著名的“停战车厢”签署屈辱的停战协定

次世界大战阵地战经验，支持构筑马其诺防线，推行消极防御的战略方针。

1940 年 6 月 22 日法国败降后，贝当任法国政府元首，同法西斯德国签订了投降的康边停战协定。

1940 年 7 月至 1944 年 8 月，贝当任维希亲法西斯国家元首（1942 年 4 月前兼政府首脑）。1944 年 8 月，以通敌罪被法国最高法院判处死刑。后改判终身监禁，1951 年死于法国西海岸的约岛。

贝当在历史上的最终形象是一个叛国者，但是作为一个军人，他在“一战”中颇有建树。他不同意福煦对于“进攻精神”的强调，认为现代战争中防御更占优势，这种谨慎小心的态度使他成为“一战”中法国最成功的指挥官。

贝当与戴高乐

贝当与戴高乐同为圣西尔军校优秀毕业生，他们之间的友谊与最终决裂成为圣西尔军校永远的故事。

圣西尔军校优秀毕业生有选择自己去向的权利。1912 年戴高乐毕业时，成绩名列第 13 名，所以也享有此权。经过慎重考虑，他没有选择享有最高传统威望的骑兵、吃香的殖民军、特别盛行的海军以及新生的航空兵，而是选择了多苦多难的步兵。原因之一，就是这时的戴高乐知道，他曾经实习过一年的第 33 团已经换了新团长——贝当。

当时的贝当不仅才华出众，深孚众望，爱惜人才，而且对官方军事理论持批判态度。1912 年 10 月，从圣西尔军校毕

贝当的元帅制服（左一）

业，年仅22岁初出茅庐的戴高乐，第一次和56岁的贝当上校团长面对面站到一起，两人的命运便长期联系在一起了。

后来戴高乐写道："我所遇到的头一个团长是贝当，他教我认识了指挥艺术和指挥天才的意义。"

一次，团长在给手下军官们讲解火药的重要性问题。贝当的观点在当时的法军中算是先进的，因为大部分人仍然认为刺刀比枪炮优越。当贝当讲到孔代王子的一次演习时，年轻的戴高乐立即打断了他的话语，指出蒂雷娜元帅是用炮火压倒孔代而拯救了阿腊斯的。新来的年轻下级军官的大胆插话非但没有坏事，反而引起了贝当的好感，他笑着挽起戴高乐的胳膊，离开其他军官，单独探讨起来。这便是刚从圣西尔军校毕业的戴高乐和后来大名鼎鼎的贝当元帅的最初交往，这种交往后来发展成为一个高级军官和一位有才华的年轻门徒之间的友谊。

也许，贝当在戴高乐身上找到了两人的共同之处：反抗着周围的平庸之辈。

然而，纪律重于一切。1913年国庆日那天，贝当下令关戴高乐禁闭，因为正当上校检阅部队时，戴高乐竟让部队解散了，虽然戴高乐认为自己是代人受过，却无可奈何，只得服从。眼看着星期天不能像往常那样去巴黎了，可是贝当在最后一刻取消了处分。戴高乐一口气跑到车站，刚走进一间包厢，穿便服的贝当笑着对他说："小伙子，差一点赶不上车吧！”戴高乐回答道："是啊，上校，不过我想我准能赶上。"贝当的回答是："可是你那时还关着呢？""那倒不假，但既然处罚不公，我相信您一定会撤销的。"

1913 年 10 月，戴高乐晋升中尉，贝当的评语是："异常聪颖，忠于职守——极堪喜许。"

1914 年 7 月 28 日，第一次世界大战爆发，1915 年 9 月，戴高乐被提升为上尉，负责指挥第 33 团 10 连。在凡尔登前线，他打退了德军多次进攻。后来，一颗子弹穿透他的大腿，他一下倒在地上，团长布多尔从望远镜中看到戴高乐中弹倒地，以为他牺牲了。已经是集团军司令的贝当将军接到报告后，一下子跌坐在沙发上，仿佛全身散了架。

之后，贝当追授这位他认为是法国军队希望的年轻上尉一枚最高荣誉十字勋章，并写下了这样一段充满感情的话："指挥该连的戴高乐上尉以其在德智训练方面的优异成绩著称。是日，其所在营遭敌猛烈炮击，伤亡惨重，同时敌人又从四面向其逼进。该员率部勇猛出击，与敌人展开激烈肉搏，这是其不违军人荣誉的唯一选择。该员在激战中以身殉国，不愧为在各方面无与伦比的军官。"

在圣西尔军校执教时，戴高乐在科乐内尔的布勒瓦尔的公寓，恰巧位于军校和贝当家的拐角处，两人来往更加密切了。在 1921 年戴高乐第一个男孩出生后，戴高乐搬到远离贝当家的一处更宽敞的住所居住。为了表示对贝当的敬意，戴高乐就以贝当元帅的名字给孩子取名菲利普。贝当则借机送给戴高乐一张照片，并在照片上题词："希望小菲利普继承父志。"

从圣西尔军校毕业10年后，戴高乐进入法国最高军事学院，在这所学府里，戴高乐与院长穆瓦朗上校在军事理论上有重大分歧，戴高乐认为军事行动在于进攻，机械化程度的提高将改变战争的静止形态，战争的主要形态将是运动战，而后者则认为炮火最利于防御。后来在结业战术演习中戴高乐印证了自己的战术思想，打垮了院长的消极防御理论。但这并没有给戴高乐带来实际的好处，穆瓦朗对锋芒毕露的戴高乐十分不满，他对戴高乐的评语结尾部分是："过分自信，好对上级的意见吹毛求疵，而且举止俨然像个流亡的国王……"

按惯例，毕业成绩最关键的就是这次大型演习。在演习中戴高乐赢了校长穆瓦朗，但由于他违反了过去所教的一切原则，而且出其不意地采取了一些奇怪的大胆行动，因而引起了极大的争议。演习结束后，对每个学员的学习成绩进行总评，成绩一般分为"优秀""良好""尚好"三等。所谓的"尚好"其实就是勉强及格。评委会的多数委员认为，戴高乐记忆力强、知识渊博、作风果断、目光敏锐，但难以与人共事、自命不凡、不听批评。因此，争论的问题不是是否评"优秀"，而是给他评"良好"或"尚好"。副院长迪菲厄将军主张评"良好"，而穆瓦朗上校则坚持给他评"尚好"。时任军事委员会

副主席的贝当元帅得知此事后，进行有力干涉。他召见军队高等教育事务主任德拉尼里安将军，让他指示迪非厄将军给戴高乐修改总评。因为贝当认为应给戴高乐评“优秀”，并断言戴高乐是年轻人的希望。但最后，迪非厄将军采取了折中方案，给戴高乐总成绩评为“良好”。这样，戴高乐在军事学院毕业时名列第 5 名。

得知此消息后的戴高乐暴跳如雷，破口大骂道：“军事学院那些狗娘养的，以后不当上院长，我就不回这鬼地方！你们瞧着吧，我不给它来个大翻个才怪呢！”

戴高乐这样生气是有道理的，因为这样的总评就意味着他不能分到总参第三局（计划局）工作，也就没有机会当上向往的作战参谋，而是去掌管一个小冷藏库。

到职之前，他去拜谒贝当。当时贝当给他的答复是：将来要在总部为他安排合意的职位；将来总有一天要同军事学院那些人算账。

1925 年 10 月，管理冷藏库近一年的戴高乐心灰意冷正打算离开军职时，贝当下令委派他到总部担任参谋，从而兑现了第一个承诺。又过了一年多，贝当命令新上任的军事学院院长埃兰布置了由他亲自主持的军事理论讲座，戴高乐在这个讲座上连续讲了 3 次，由于带有法国最高军事首脑的印记，这一切使那些受辱的教授非常难堪，从而实现了贝当对戴高乐的第二个承诺。

不久又发生一件事情，戴高乐在当营长时，收到一道正式命令，调动他手下一名士兵，而戴高乐并未按电文行事，反而关了那个士兵两星期禁闭，因而被一位议员向陆军部告了一状，很有可能受到关60天禁闭或停职的处分。戴高乐迅速前往巴黎贝当的办公室汇报此事，贝当立即向陆军部长潘勒韦求情,戴高乐因此没有被追究。贝当元帅后来乐呵呵地说："那真是一个肉中刺，我给他拔出来啦。"

1931年，戴高乐《剑刃》一书出版，这本书的扉页上印有戴高乐给贝当的献词：

本书只能献给元帅阁下一人，

因为您的赫赫功绩最能证明，

思想光辉所产生的行动，

具有何等崇高的美德。

贝当十分欣赏戴高乐，这种看法一直延续到20世纪30年代中叶。

但是，后来两人在关于坦克部队在未来战争中的作用问题上产生了严重分歧，也由于贝当在任陆军部长期间，在提高法军抗击德军的能力方面没有什么作为，两人最终分道扬镳，并走向对立。

戴高乐著写的《建立职业军》出版时，贝当同意了，但提出的条件是：必须让他当合著者或主要策划人，而这完全

符合法国的老传统，即上级自然认为有权从下级的著作中攫取著作桂冠。没想到戴高乐拒绝了。贝当元帅狂怒地说，戴高乐忘恩负义，冷酷无情，并示威式地在一些正式见面时，拒绝同戴高乐谈话。当大家都建议由戴高乐担任陆军部副部长时，贝当坚决拒绝了这个建议，说："你们不要相信他，他是一个很危险的两面派人物……"

而戴高乐再谈到这个前辈时，也常常以一种沉思与幽默的语气说："他从前可是个伟人啊！"

1940年6月法国投降，戴高乐离开法国飞到英国前，偶然看到贝当在进餐，这是他自1938年以来第一次见到贝当元帅。他默默地走过去向年迈的元帅敬礼，贝当一言不发地和他握了握手。

贝当对戴高乐说："你已经是将军了，但我不能祝贺你，战败时得到的官衔又有什么用呢！"

对此，戴高乐回答道："元帅先生，您不也是在1914年军队撤退时被提升为将军的吗？几天后，我们就在马恩河取得了胜利。"

贝当当时哼了一声："那根本不能与此相比。"说完后，就不再理睬戴高乐了。

后来戴高乐写道："从此以后，我就再也没有见过他。"

直至1945年8月，法国临时政府最高法庭以叛国罪处贝当死刑时，戴高乐签署了特赦令，改判为终身监禁——就像5

年前贝当在维希政府对戴高乐进行缺席审判的死刑判决书上签署“不要执行”一样。

三、不屈的斗士——勒克莱尔

初露峥嵘

勒克莱尔原名菲利普·德·奥特克洛克，1902 年 11 月 22 日出生于法国庇卡底里的一个古老的佩剑贵族家庭。奥特克洛克受到严格的家庭教育，继承了家族传统的尚武精神。他的童年生活是在农庄里度过的，长期的野外活动和打猎使他身体强健、目光敏锐。第一次世界大战中著名的索姆河战役就发生在离农庄不远的地方，他经常前往这个地方考察弹痕累累的战场遗址。在这种环境中成长起来的奥特克洛克决定报考圣西尔军校。

1922 年，他如愿以偿地进入圣西尔军校学习，4 年后以优异的成绩毕业。不久，他被派往摩洛哥镇压暴动。这使他第一次有机会接触到伊斯兰文化和语言，并发挥自己的军事才能。由于表现突出，他在这里获得了两枚陆军奖章和一枚军团荣誉勋章。战争期间，他看到了坦克在战争中展现出的巨大威力，从此成了法军骑兵装甲化的热心支持者。他提出了一系列坦克战术和坦克部队的管理方法，这为他后来成为法国陆军最杰出坦克战专家打下了坚实的基础。暴动平定后，奥特克洛克回到法国圣西尔军校任教官。

第二次世界大战爆发时，他正在法国高等军事学院学习，战争初期，奥特克洛克在法国陆军的一个步兵师任参谋长。1939 年 9 月 8 日法军发动萨尔攻势，奥特克洛克随部队从萨盖明向前推进。10 月 16 日，德军开始发起反攻，他奉命退回萨盖明。1940 年 5 月，他所在的部队作为英法联军的一部分参加了比利时的战斗。战斗失利后，部队在里尔被德军包围。奥特克洛克突出重围，独自一人穿越了德国装甲部队设在索姆河上的封锁线。在香滨地区，他领导一支装甲部队重新投入战斗，但在战斗中受伤被俘。在押往俘虏营的路上，他偶然听到两名德国士兵发誓要永远击败法国的谈话，更加激起了他的爱国热情，决心为祖国的最高利益去战斗。因此，他想尽办法，成功地逃到巴黎。

法国投降后，他不甘接受维希政府的招安，就前往中立国。后来他从收音机上听到自己圣西尔军校的师兄戴高乐将军发起“自由法国运动”的讲演后，立刻决定通过西班牙和葡萄牙前往英国加入戴高乐领导的“自由法国运动”。1940 年 7 月 25 日，他到达伦敦并与戴高乐见面，见面时给自己起了一个非常具有庇卡里的特点的化名“勒克莱尔”。

扬名北非

为了使法国抵抗运动得以蓬勃发展，并建立可靠的根据地，“自由法国运动”迫切需要向非洲法属殖民地发展，但当时的法属赤道非洲的领导人正在戴高乐和维希傀儡政府之间摇摆不定。戴高乐在会见头上还扎着绷带的勒克莱尔时，一眼就看清了“这是一个什么样的人物”，认为“他应当去赤道非洲”，并立即派他加入赴乍得代表团。代表团到达乍得后，乍得当局立即宣布正式加入“自由法国”。

勒克莱尔奉戴高乐之命，又向乍得的南邻喀麦隆发展。1940 年 8 月 20 日，他率领一支不足百人的部队乘独木舟在喀麦隆的鲁阿登陆。登陆后，他在当地人民的支持下很快使喀麦隆倒向“自由法国”一方，并担任了法属喀麦隆总督，在那里建立了“自由法国”的第一个作战基地，“勒克莱尔时代”也就此开始了。

1940 年 12 月，勒克莱尔前往乍得任军队总指挥。当地的“乍得团”是一支由法国人和土著人组成的军队，官兵素质很差，普遍不懂现代战术，装备也相当简陋，仅有 80 辆旧式卡车和几门大炮。勒克莱尔没有被困难吓倒，他向戴高乐表示：“我们不会因为任何困难而后退，不管是来自前方还是后方。”他把有战争经验的老兵和斗志昂扬的法国志愿人员补充到部队中，还获得了英国的装备援助，并对官兵进行严格的训练，在不长的时间内就组成了一支面貌一新的机动纵队。此后，他立即率军对意军防线发起攻击。

1941 年 1 月，他派出一支小分队穿越乍利交界处的撒哈拉大沙漠，深入 1000 千米，对意军防线西端的斐赞进行

侦察袭扰，吸引意军的注意力，其主力400人则向位于意属的利波黎内陆500千米的库福拉要塞发起攻击，意军很快失去了斗志，于3月1日宣布投降。勒克莱尔部队共俘虏意军350人，缴获大炮4门、机枪40挺，全部占领了库福拉。勒克莱尔兴奋地向戴高乐发电报告 :“这是‘自由法国’的军队第一次攻克敌人的据点，这是走向胜利的第一步。法国万岁！”戴高乐宣布授予勒克莱尔“解放十字勋章”，英国首相丘吉尔也向戴高乐发来贺电，对“自由法国”在非洲的首次胜利表示祝贺。

1942年3月，勒克莱尔率军对意军驻守的斐赞进行了骚扰袭击，迅速攻占了外围的几个据点，不等对方反应过来，就主动撤出了战斗，带着一批俘虏、文件和军用物资安全返回。12月12日勒克莱尔率部穿越撒哈拉沙漠,迅速接近斐赞，13日攻占了意军的主阵地，占领了斐赞哨所。此役俘虏意军1000多人，其中军官40多名，缴获大炮20多门、迫击炮与机关枪数百门（挺)、装甲车几十辆。勒克莱尔纵队取胜后马不停蹄，兵分两路向利比亚海岸线推进，1943年1月26日，他率领的“自由法国”军队与从埃及出发的蒙哥马利的第8集团军胜利会师，随后他又参加了解放突尼斯的战斗。

这些战役的胜利充分体现了勒克莱尔作为一名杰出军事指挥员的才能。他既是一名后勤专家，又是一名战术家。作为一名后勤专家，他非常关注部队油料和弹药的供给情况，千方百计找到确保运输畅通无阻的方法，精心谋划部队攻击的时机，在敌人预想不到的地方发动突然猛烈的攻击。他的战术则是骑兵式的：大范围的迂回甚至是从敌人后方发动包抄。由于他长期担任军事教官，他在自己的司令部营造了一种内部团结的气氛，让部属勇于抓住战机，不只是等待上级的命令，而是要发挥自己的主动性，这些指挥特点的结合使他指挥之下的“自由法国”的部队成为北非战场上的一支雄师。

解放巴黎

1942年8月，勒克莱尔在摩洛哥就任新组建的法国装甲第2师师长。这支部队是用美国援助的坦克武装起来的，但当时“自由法国”缺乏坦克部队的军官，在戴高乐亲自提议下，勒克莱尔开始了对这支新建的坦克部队的训练工作。他一直潜心研究的坦克战术和坦克部队管理方法有了施展的机会。在他的精心训练下，装甲第2师很快成为“自由法国”军队以至盟军的一支精锐部队。当盟军决定于1944年6月在法国登陆时，戴高乐坚持必须有“自由法国”的军队参加这次作战行动，以收复法国国土和解放巴黎。艾森豪威尔将军接受了这一建议，决定从北非将勒克莱尔的装甲第2师调到法国北部与美军协同作战。这样，勒克莱尔的法国装甲第2师于1944年8月1日诺曼底登陆，参加收复国土和解放巴黎的战斗。

勒克莱尔对即将重返离别 3 年的祖国非常激动，他在登陆前的一次军官会议上感慨道："如果一个人没有为祖国献身的信念，那么他是永远不可能成功的。"装甲第 2 师登陆后配属给巴顿将军的美第 3 集团军第 15 军，参加了著名的法莱斯隘口战役。在阿夫朗什地域作战的法军以大胆的迂回动作于 8 月 16 日向阿朗松发起攻击，勒克莱尔登上他的"伊塔"号坦克准备到前沿指挥战斗，手下的德克耶邦中校百般劝阻无效，只好派人暗中毁掉了车上的发报机，但勒克莱尔又换上一辆坦克杀上火线，在他的指挥下法军 20 日解放了阿朗松，关闭了法莱斯口袋。至 8 月 21 日，法莱斯围歼战结束，盟军在此役中共歼敌 3 万人，俘敌 5 万人，给德军 B 集团军群以沉重打击。装甲第 2 师离法国首都巴黎只有数百公里之遥了。

8 月 19 日，巴黎城内的抵抗组织领导市民发动了大规模起义，攻占了城内的主要据点。20 日，起义领导人派人出城与勒克莱尔取得了联系，请他火速出动部队进城接应。8 月 21 日，勒克莱尔当机立断，命令部队全速前进，并向戴高乐报告了他的作战计划。盟军指挥部闻讯后，命令他立即撤回部队，但是他不予理睬。8 月 23 日 6 时 30 分，勒克莱尔开始向巴黎进攻，一路上未遇到德军的有力抵抗，8 月 24 日晚，法军开进巴黎。

8 月 25 日晨，法军向德国巴黎城防司令肖尔蒂茨发出最后通牒，遭到拒绝后，勒克莱尔下令下午 1 时向德军指挥部发起攻击，部队迅速消灭了德军的有生力量。下午3时，摧毁了德军指挥部，活捉了肖尔蒂茨并将其带到警察局。肖尔蒂茨代表德军守备部队正式向勒克莱尔将军投降，巴黎宣告解放。下午4时，戴高乐亲临勒克莱尔师的指挥部，向他表示热烈祝贺。

在战斗中，法军仅伤亡628人，市民和建筑物都得到了很好的保护。这使随装甲第2师一起回到巴黎的戴高乐将军受到英雄凯旋般的热烈欢迎，也使盟国进一步认同了戴高乐将军为法国合法的最高领导人的身份。勒克莱尔将军因次获得了“巴黎解放者”的殊荣。8月29日，胜利后的法国在凯旋门圣母院的大街上举行了隆重的阅兵式，勒克莱尔率第2装甲师接受了戴高乐将军的检阅，受到了市民的热烈欢迎。

9月8日，勒克莱尔将军重新回到巴顿将军的第3集团军第15军，继续同英美盟军一起并肩作战。1944年11月，勒克莱尔率部以一个大胆的包抄动作突入坦克难以通行的孚日山脉的塞维尔纳出口。11月22日冲出孚日山脉，进入一马平川的阿尔萨斯平原，他不失时机地下达了总攻命令。23日，兵分五路，杀向斯特拉斯堡，德国守军被法军一往无前的气势所吓倒，几乎没有抵抗便四下逃散。法军坦克突入市区，留在市内的1万多名德军宣布投降，到当日晚，整个城区已全部被装甲第2师攻占。

消息传到巴黎的咨询议会会场上，议员们顿时沸腾起来，戴高乐称这是法国军史上写下的“最辉煌的一页”。1945 年 1 月 30 日，装甲第 2 师会同美军从科尔马东北角取得突破，攻入敌阵，终于在 2 月 9 日胜利结束了科尔马地区的战斗，全部收复被德国占领的阿尔萨斯地区。2 月 11 日，戴高乐亲抵科尔马视察部队并向勒克莱尔等战功卓著的将军授勋。1945 年 5 月 4 日，装甲第 2 师击败德国的萨尔茨堡守军，协同美军攻占了希特勒的府邸暨德国的第二个政治中心贝希特斯加登。自此，勒克莱尔将军和其领导的法第 2 装甲师结束了在第二次世界大战中的辉煌灿烂的战斗生涯。

将星陨落

1945 年 8 月 5 日欧战结束后，戴高乐派勒克莱尔前往远东任法国远东远征军总司令，恢复法国在印度支那的殖民地，并代表法国在美国战列舰“密苏里”号上接受了日本的投降。10 月 5 日，勒克莱尔抵达西贡，开始恢复法国对印度支那的殖民统治。1946 年 7 月，他就任法国北非部队总监。此后，勒克莱尔将自己的全部精力用于北非法军的建设和管理中。1947 年 11 月 28 日中午，北非考洛姆—贝查尔附近突然发生了强烈的沙暴，沙暴使勒克莱尔少将的座机“塔利号”失去控制，最后坠毁在沙漠上。勒克莱尔及其随行的 7 名军官和 3 名机组人员全部遇难。法国的一代将星就此陨落。

法国“勒克莱尔”主战坦克

噩耗传到巴黎，一直视勒克莱尔为未来接班人的戴高乐痛心不已，他当即宣布戒烟。几年后他在谈及戒烟理由时说：“我必须爱惜自己的身体，由于勒克莱尔已经不能在需要他时为法兰西出色地效力了，因此我必须能够替他完成未竟的事业。”1948 年 6 月 18 日，戴高乐把巴黎的一条大街命名为“勒克莱尔将军大街”，以纪念这位将军。1952 年 7 月，法国政府追授勒克莱尔法国元帅军衔。目前法国陆军装备中最先进的主战坦克也以“勒克莱尔”命名。

四、圣西尔军校的尖子生——朱安

阿尔方斯·皮埃尔·朱安（1888—1967），生于阿尔及利亚安纳巴，家境贫寒。从小养成了沉着稳重、吃苦耐劳和办事认真的性格，具有强烈的责任心和荣誉感。朱安 13 岁进入君士坦丁一所省立中学，毕业后以优异成绩考入阿尔及尔一

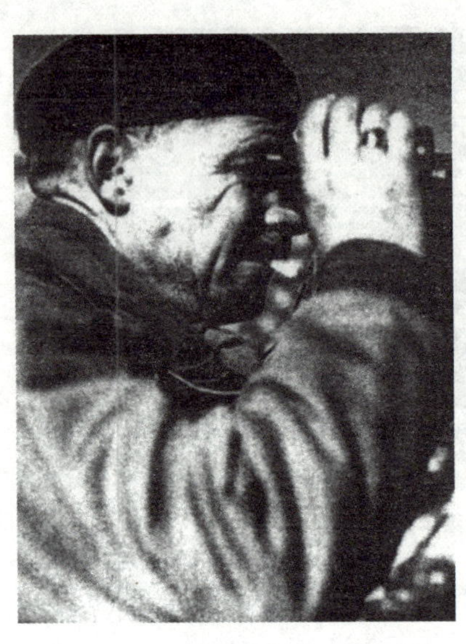
朱安像

所著名公立学院，朱安所在的班级则被称为“准圣西尔班”。1909年，朱安进入圣西尔军校，入考成绩在所有考生中名列第七。1912年6月，朱安以优异的成绩毕业，同届毕业的还有后来大名鼎鼎的戴高乐。毕业后朱安到摩洛哥服役，刚到职的他在这里初次接受了战火的洗礼。第一次世界大战爆发后，朱安随部队返回法国参战，后因作战英勇获得一枚荣誉军功章。后来朱安先后两次进入参谋学院学习，毕业后到突尼斯和摩洛哥部队任职，参与了1925年镇压摩洛哥里夫人民大起义的战斗。1927年，朱安回到曾服役过的阿尔及尔步兵团任营长。1933年10月，朱安被选调到法国高等军事学院担任战术教官。期间，朱安不袭传统现成答案，而从实际出发，与学员大胆探讨新课题，并勇于接受新思想，吸收新方法，受到学校和学员的好评。1937年朱安调任北非战区参谋长，1938年晋升准将。

第二次世界大战全面爆发后，1939年12月朱安出任法国第1军第15摩托化步兵师师长，部署于法国东北部进行防御。1940年德军闪击西欧后，朱安率部到比利时的让布卢抵

御德军进攻。随后在著名的敦刻尔克大撤退中，朱安的部队担任掩护任务，结果可想而知。朱安的部队被德军包围，朱安本人则成了德军的俘虏。朱安的部队虽被打败，但他们的英勇作战还是得到了国人的认可，部队荣获“战斗功臣”称号，而他本人也于1941年2月被提升为少将。

朱安被俘后，关押在德国柯尼希施泰因监狱。1941年6月，也是圣西尔军校毕业生的法国魏刚将军以法国北非政府总代表的身份与德国人斡旋，朱安才被释放。1941年11月，朱安晋升为中将，不久接替魏刚的工作，担任法国驻北非陆军总司令。任职后，朱安扩充兵员，隐藏装备，训练非洲军队，以用来参加未来反击德国的作战。在朱安的努力下，到1942年11月，法国在非洲的部队有5个机动师和1个轻型机械化旅，达20万人之多，这些部队装备齐全，并在突尼斯山区设有秘密后勤基地。盟军北非战役发起后，朱安很快率法国特

朱安和士兵们在一起

■近年来法国国力在世界格局中下降，但却仍努力维持大国地位，法军不断参与世界热点地区活动。图为2013年12月22日，中非班吉示威者们高举标语要求法军离开。

遣部队与盟军一起参加突尼斯战役，并赢得了胜利，1942 年 12 月晋升为上将。1943 年 8 月，朱安奉戴高乐命令组建法国远征军，参加进攻意大利的战役。朱安抱着洗刷自己在 1940 年 6 月被打败的耻辱和为法国争光的信念，几次向盟军进言，终于说服其接受自己的山地机动作战主张，从而达成了战术突然性，为盟军扫清了通往罗马的道路，这一仗可以说是自法军战败后首次挽回面子，扭转盟军对法国看法的关键一役。

1944 年盟军诺曼底登陆后，戴高乐任命朱安为国防部参谋长，全面负责法军的工作。在这个重要岗位上，朱安不负众望，成绩斐然，多次获得军功章。

之后，朱安与戴高乐这两位圣西尔军校同届同学接触密切，无论是戴高乐任总统时，还是下野后，朱安一直是戴高乐最难得的合作伙伴。1947 年朱安任欧洲盟军总司令。1952 年，他被晋升为法国元帅。

五、现代奥林匹克之父——顾拜旦

圣西尔军校的杰出校友中，不仅有元帅、将军，还有政界和商界领袖，不仅有正式毕业的学员，还有退学的名人。其中之一就是享誉国际体坛的顾拜旦。

勒巴龙·皮埃尔·德·顾拜旦 1863 年 1 月 1 日出生于法国巴黎的一个贵族家庭，1896 年至 1925 年任国际奥委会主席，他终生倡导奥林匹克精神，被誉为“现代奥林匹克之父”。

顾拜旦

顾拜旦的童年是在诺曼底度过的。当时顾拜旦非常喜欢拳击、赛艇、击剑和骑马等体育运动，并喜欢画画，会弹钢琴。1875年至1881年，古代奥运会的遗址不断被发掘出来，这引起顾拜旦极大的兴趣。

1880年，顾拜旦进入圣西尔军校学习，时值法国刚刚在普法战争中战败，不久顾拜旦就退学了。退学的理由主要是受不了盲目的军校教育，因为顾拜旦只承认正义的自卫战争，而圣西尔军校乃至整个军方在教学中却不愿意区分战争的性质，不允许师生公开讨论刚刚结束的普法战争和法国的战败，这种严重的政治压抑使顾拜旦非常不适应。此外圣西尔军校当时的形式主义比较突出，陈腐气息严重，不少自诩未来将军的同学们的浮夸做派也让他深感厌恶。

从圣西尔军校退学后，顾拜旦随后进入法国巴黎政治学院，后又入法国巴黎大学法学院就读，获得了文学、科学和法学三个学位。从1883年起进行比较教育学的学术研究。1888年，顾拜旦出任法国学校体育训练筹备委员会秘书长，并发起成立了第一个“全法学校体育协会”，设立了“皮埃尔·德·顾拜旦奖”，以表彰最优秀的运动员。

年轻时的顾拜旦

1890年，他访问了奥林匹克运动的发源地——希腊的奥林匹亚，萌生了以古代奥林匹克精神来推进国际体育运动的想法，以创办现代奥运来弘扬奥林匹克精神，举办世界性的奥林匹克运动会的设想使他开始积极投入到创办现代奥运会的工作之中。

1892年12月25日，法国田协在巴黎索邦大学举行成立5周年纪念大会，顾拜旦首次在大会演讲中发表了“复兴奥林匹克运动”的著名演说，正式提出恢复和创办现代奥运会的想法。1893年，在顾拜旦的推动下，在巴黎召开了“恢复奥林匹克运动代表大会”。来自12个欧美国家的代表们一致通过了恢复奥林匹克运动的宪章，确定了现代奥运会的宗旨。这次会议还决定于1896年4月在奥林匹克运动发源地希腊举行第一届现代奥运会，以后则按照古代奥运会的传统，每4年举行一次。1894年6月23日，国际奥林匹克委员会成立，当时著名希腊诗人维凯拉斯担任首任国际奥委会主席，顾拜旦当选为秘书长。

1896 年 4 月 5 日，第一届现代奥运会在希腊雅典举行。开幕式上，希腊国王乔治高度赞扬了顾拜旦的贡献。雅典奥运会后，维凯拉斯辞去奥委会主席职务，顾拜旦当选第二任国际奥委会主席。

1913 年，顾拜旦为国际奥委会设计了会徽、会旗。会旗白底，上面有蓝、黄、黑、绿、红 5 个环环相扣的彩色圆环，象征着各大洲的团结以及全世界运动员以公正、坦率的比赛和友好的精神在奥林匹克运动会上相聚。此外，他还倡议燃放奥林匹克火焰、设立奥林匹克杯等。在确定奥林匹克运动会口号的问题上，顾拜旦最初觉得应以“团结、友爱、和平”的口号来指导比赛。后来，他的一个朋友狄东神父提出了“更快、更高、更强”的口号，得到顾拜旦的赞赏，认为它体现了人类永远向上、不断进取的伟大精神，以后便倡议它作为国际奥林匹克运动会的口号。1925 年顾拜旦辞去国际奥委会主席的职务。在他卸任后，被终生聘为国际奥委会名誉主席。

1937 年顾拜旦在日内瓦逝世，应其本人要求，其遗体葬在国际奥委会总部所在地洛桑，而心脏则埋在奥林匹克运动发源地奥林匹亚。

六、“逃跑艺术家”——吉罗

1940 年 5 月 19 日，也就是德国发动对比利时、荷兰、法国入侵后的第 9 天，一群法国军官正在视察前线阵地。突然大批德国步兵从附近的树林中蜂拥而出，迅速包围并控制了林地，法军官兵被迫缴械投降。在检查法军身份的时候，德国人吃惊地发现在这些将手举在半空的人当中，有一个头戴将军帽、身子挺直的人，他就是亨利·奥诺雷·吉罗。

吉罗（1879.1.18—1949.3.11）,1900 年从圣西尔军校毕业后，先后在突尼斯和摩洛哥服役，参加过第一次世界大战。1926~1927 年在巴黎高等军事学院任教。1939 年晋升为上将，当选为最高军事委员会委员。第二次世界大战期间先后任第 7、第 9 集团军司令。

此次被俘已经不是吉罗将军第一次被德军俘虏了。25 年前，也就是第一次世界大战时，身为法国陆军上尉的吉罗，因为身受重伤而被俘。但是他并没有因为有伤在身而放弃逃跑，经过两个月的周密计划和准备，他成功地从战俘营中逃脱了。在逃回法国的途中，为了隐藏身份，躲避德军的追捕，他装扮成各种人物，比如巡回表演的魔术师、屠夫、煤炭销售商，也没有选择直接逃回法国的路线，而

北非登陆战役前的戴高乐和吉罗（右）

是选择了取道荷兰，转投英国，最后回到法国。因为此次成功的逃跑，他获得了“逃跑艺术家”的称号。

吉罗将军现在是第二次被德军俘虏。在监狱里，由于其特殊的身份，他像其他法国高级将领一样受到礼遇。也许是因为德国人对他“逃跑艺术家”的称号有所耳闻，他被拘禁在位于德国东部德累斯顿附近一座高耸入云的凯宁斯坦城堡中。该城堡建在距德国与捷克边境不远的一块130英尺高的悬崖峭壁上，每一道山口都有双重防卫，而且将军的房子要做定期的检查。在德国人看来，吉罗要想逃脱是不可能的，这所监狱被称作“不可能逃跑”的监狱。让德国人放心的还有：虽然吉罗曾经成功地逃跑过，但那也已经是20多年前的事情了，现在的吉罗已经61岁了，而且在“一战”中所受的腿伤使得他走起路来一瘸一拐的，更不要说跑了。另外，即使吉罗真的能逃离古堡，德国境内成千上万无孔不入的盖世太保特工、警察也会把他搜查出来。他们掌握着吉罗的照片，必要时可以在整个控制区里发布通缉令。

德国人威逼利诱吉罗在傀儡政府做官，帮助德国人维护其在法国的统治，但遭到了吉罗的拒绝。几乎同时，吉罗也开始着手筹划逃跑的方案。准备工作是漫长艰辛的。首先需要学习说一口流利地道的德语，以确保在逃跑的途中不致因为语言的问题引起他人的怀疑。为此吉罗每天坚持学习德语，并通过与看守交谈来纠正自己的发音。经过两年的努力，最后他能说一口连德国人都分辨不出来的地道德语。

其次需要熟悉古堡周围的地形，确定最佳的逃跑路径。古堡周围的地图被偷偷送进来，凭着优秀的军事素质，他很快就记住了每栋房子的轮廓，每一座城镇、每一条河流的位置。同时，他还摸清了德军哨兵的活动规律，知道什么时候德国人的监视会出现漏洞。

最后就是准备逃跑用的绳索和衣服。德国人允许外界通过红十字会寄一些包裹给古堡里的战俘。吉罗耐心地收集着自己和狱友拆掉包裹之后扔下的麻线，并用这些麻线编织了一根能够承受得起他那 6.3 英尺高、200 英磅重的躯体的麻线。德国人允许吉罗寄信，但是他们不知道城堡中的这位残疾者、曾经逃回法国的军官，已经用密码与妻子取得了联系。吉罗用这种密码写了数封看似天真的信，告诉了妻子逃跑计划的细节，并叫妻子与英国秘密组织联系，请求援助。妻子冒着生命危险，与一个在法国进行地下活动的英国人取得了联系。

1942 年新年之后，吉罗开始秘密收集逃跑用的衣服。他自己动手，把一件军用雨衣改成了一件平民上衣。一条平民裤子被偷偷地送了进来，英国秘密组织通过包裹寄来了一顶德国平民百姓常戴的帽子。

4 月 7 日清晨，吉罗在同室战俘的帮助下，捆好装有面包、奶酪、平民衣服的包裹，选择了一个恰当的时间，溜达到阳台上，就像平常一样晒晒太阳。将军见没有卫兵在附近，便迅速将自制的绳子系在栏杆上，在两个同室战俘的帮助下，抓住绳子迅速逃离了古堡。

吉罗蹒跚地走到树丛中，剃掉已蓄积多年的标志性胡须，换上平民衣服。两个小时之后，他到达五英里外的一座桥。一名年轻人手拿提箱向他走来。按照事先约定的暗号，两人很快接上了头。

吉罗和他的同伴走了不远就到了火车站，上了车，走进男厕所。在厕所里，吉罗打开提箱，换上了妻子早就给他准备好的平民装。箱子里还有假身份证件，证件上写着一个产业工人的名字，相片上的人跟未留胡子的吉罗很像。箱子里还准备了一些德国钱币。

吉罗的逃跑让德国人恼怒不已，于是展开了大范围的搜捕行动。在车上吉罗看见几个检查乘客身份证件的盖世太保，并且隐约觉得那个被找的人是一个大约6.3英尺高的人。此刻，他那口流利地道的德语开始发挥作用了。他迅速坐到一个德军陆军中尉身边，与他亲切地攀谈起来，两人看起来关系甚密。当盖世太保要看吉罗的身份证件时，这位军官立即告诉他们这位老者是他的朋友，可以担保他是一个高贵的德国人，让吉罗化险为夷。

一天之后，吉罗在斯图加特换车时，发现盖世太保在仔细检查每一位乘客的证件。他一直等到快要开车时，迅速朝车冲去，不让德国人注意到他那一瘸一拐的痛苦走路姿势，以免暴露身份。他抓住车门旁的扶手，大声喊叫有一笔重要的生意，必须赶上这趟火车。盖世太保只好让这位年老的、怒气冲冲的“生意人”上了车。

吉罗在火车上长途旅行一星期以后，进入了法国北部边境。按照1940年5月签订的停战协议，这块土地被德国国防军占领。他希望溜过分界线，到维希政府控制下的法国南部，因为他的家就在那里。但当他得知德国士兵正在仔细检查每一个通过分界线的、身高超过6英尺的老人时，他只能换乘另一辆火车，越过德国东南部到达德国与瑞士的边界。

吉罗下了火车，为避免遇到边境卫兵，他选择了一条很少人走但却极其难行的山路。那条路对于健壮的年轻人来说都是极其艰难的，更何况他已经年过花甲且伤腿疼痛难忍。但是，为了能够返回祖国重获自由，他仍鼓起勇气翻越了一座又一座高山。正当他迈着沉重的步子独行在崎岖的山路上时，突然，几个士兵拉响了步枪的枪栓并向他瞄准。他们说的不是德语，而是瑞士语，此刻他知道自己已经安全了。

吉罗很快被送到了巴塞尔市，在那里他说出了自己的真实身份。柏林方面闻讯后强烈要求引渡吉罗，但被中立的瑞士拒绝了。

为了保全面子，德国人给吉罗传话说：“如果将军回到德国接受监禁，将会得到体面的待遇。”吉罗将军当然立即拒绝了这个愚蠢的建议。

卡萨布兰卡会议上吉罗（左一）和罗斯福、戴高乐、丘吉尔在一起。

5 月初，吉罗回到了他在里昂的家中。但是盖世太保监视了他的住所，并且曾几次试图暗杀他。

1942 年 11 月，盟军发起北非登陆战役后吉罗前往阿尔及利亚，出任北非法军总司令兼高级专员。1943 年 6~10 月他与戴高乐共同出任法兰西民族解放委员会主席，后因与戴高乐意见分歧而辞职。“二战”后吉罗出任法国最高军事委员会副主席。1949 年，这位“逃跑艺术家”逝世。1952 年，他被追授为法国元帅军衔。

七、法国历史上最大的笨蛋——麦克马洪

在圣西尔军校毕业生的花名册里，绝大多数都给法国及

圣西尔军校带来了无限的荣耀，但其中也不乏一些“败类”，其中麦克马洪元帅就被称为最大的笨蛋。

埃达姆·帕特里斯·莫里斯·麦克·马洪，1808 生于絮利的爱尔兰裔家庭，1827 年毕业于圣西尔军校，参加克里木战争，从此开始军旅生涯。1855 年任师长，1859 年奥意法战争时任军长，因获马进塔战役之捷，被封为元帅。

但随后在著名的 1870 年普法战争中，麦克马洪指挥第 1 军团多次败于普军。麦克马洪的部队军官腐败无能，装备不齐，粮草奇缺，弹药不足，甚至连基层主官都找不到自己的连队，在这种情况下部队想不打败仗都难。8 月，普法军队在法国边界重镇色当决战，普军以猛烈的炮火压制法军火力，并大量杀伤法军。很快，麦克马洪中弹受重伤，法军丢盔弃甲，溃不成军，最后不得不全部投降。

麦克马洪 1871 年被释放返回法国后，任凡尔赛军总司令，这位在战场上屡败于对手的元帅，在镇压国内民众时却毫不手软，指挥军队残酷镇压了巴黎公社起义。

1872 年，被恩格斯称为“法国最大的笨蛋”的麦克马洪元帅当上了法兰西第三共和国总统。这位拿破仑战争后，法国历史上影响最大的败仗——色当战役的败将，之所以能当上总统，仅因为他本人是顽固的君主派。

1879 年 1 月，麦克马洪被迫辞职，1893 年去世。

■法国参与非洲热点地区维和行动。图为2013年2月21日法军与马里极端组织武装分子在马里北部最大城市加奥市中心战斗。

八、圣西尔军校走出的中国人

1. 第一个进入圣西尔军校的中国留学生——唐宝潮

唐宝潮出身于一个中国高官家庭，1905 年 7 月，经中国公使馆介绍，由北洋海防局资助，唐宝潮和其他两位同学报考圣西尔军校。其中一个不久被召回北京，另一人因学业程度过低，未能通过入学考试。只有唐宝潮被圣西尔军校骑兵系录取。毕业后在索米尔的“马队军官实习学校”逗留一年，又去外省联队任实习军官一年，于 1909 年 4 月应召回国。

唐宝潮的留学经历是中国人军事留学史上的重要坐标。两次鸦片战争中国战败，让国人深切地意识到军事技术的重要性，在幼童留美之际，李鸿章等人就试图借美国之手，培养中国自己的新式军事人才。但是由于美国的排华运动，拒

《画报》上介绍唐宝潮的消息

绝中国学生进入美国军事学校，当时的军事留学教育的意图功亏一旦。而后，福州船政学堂陆续派遣学生留欧，其中部分学习海军技术,是为近代中国军事留学教育的开始。1895年，中国北洋舰队在甲午海战中被日本海军战败，福州船政学堂海军留欧教育基本破产，中国人军事留学教育也随之低落。

痛定思痛，在以敌为师，掀起留日大潮的同时，以端方和北洋势力为代表的清廷要员意识到，曾经打败中国的日本海军最初是由法国人建立起来的，因此，在练兵方面不能完全依赖日本，而应该更多地学习法国。于是，派遣学生前往法国学习军事被提上日程。已在法国自费留学数年的唐宝潮顺应这个形势，以身实践新的军事留学，于1906年8月考入圣西尔军校，成为中国留学生之入法国陆军学校之第一人，也是近代中国陆军留学第一人。他的留学具有极其重要的历史意义，当时引起巨大影响，以至于“法国武事报，曾登其肖像”。

身着圣西尔军校校服的唐宝潮

唐宝潮凭着自己的聪明才智和勤奋努力，顺利毕业，并在实习中获得优异成绩。因为唐宝潮的存在，留法中国学生才给大清要员留下“在法国学习十分努力”的印象，使端方等大清要员最终决定大力发展留法军事教育，中国人留法教育活动也随之得到恢复，并获得了巨大发展。从1900年到清朝灭亡，总共有144名学生留学法国，其中军事留学生有46名，远远超过了1900年前几十年的留法学生总数。

1909年，唐宝潮归国后任北洋督练公所派遣员，1910年，改任考察各国陆军专使随员。辛亥革命后，任总统府军事参议，少将军衔。1912年，与前慈禧太后御前女官、近代中国学习西方舞蹈第一人裕容龄在法国巴黎结婚。

1919年，在巴黎和会上，唐宝潮出任军事专员，同年任将军府参军，奉派参加英、法、比三国庆祝第一次世界大战胜利大会。1928年，政府南迁，唐宝潮蛰居北京。1935年，出任冀察政务委员会参议，“七七事变”后赋闲。1955年1月，被聘为中央文史研究馆馆员，1958年1月10日病故，享年74岁。

2. 抗日名将，中国的“巴顿将军”——廖耀湘

廖耀湘是湖南邵阳人，国民党高级将领，是蔡锷将军的同乡，毕业于黄埔第六期。

廖耀湘从黄埔军校毕业时，恰好国民政府雄心勃勃要打造一支现代军队，从中央军校里选拔一批优秀毕业生去法国留学。廖耀湘参加了1930年的留学考试，成绩列前三名。可是最终确定名额时，他被刷下来了，理由是个子矮，其貌不扬。

在这关键时刻，廖耀湘那种爱霸蛮的性格让他的命运发生大逆转，他演了一出“闯宫面圣”的戏。他直接去找蒋介石，

廖耀湘

当时蒋介石正在午睡，卫兵将其挡住，吵闹一番后，他干脆坐在台阶上，等蒋介石出来。

蒋介石得知禀报后，决定亲自见一见这位倔强的青年人。当着蒋介石的面，他大呼留法生录取不公，1000人参加考试，录44名，自己笔试在前三名，却名落孙山，考官的理由是他个子矮，脸上有个疤。他直率地对蒋介石说，这是选拔留法军官，又不是选女婿，相貌用得着那样重要？拿破仑的个子不也很矮？

蒋介石很欣赏廖耀湘这种初生牛犊不怕虎的性格，得知他“耀湘”的名字后，说你原来是湖南人，是曾文正和蔡松坡的老乡，此时对他更有好感——蒋介石很佩服这两人，便决定考考他，问了问蔡锷的《曾胡兵法十三篇》《曾胡治兵语录》等，这些书是蒋介石用兵的教科书，廖耀湘烂熟于心，甚至对曾国藩撰写的《湘军水陆战地记》出版年月都记得。

蒋介石大喜，遂决定特批他去法国留学，临别前勉励一番。并向有关部门批示：该生系难得军事干才，学成归国后委以重任。

1930年在南京的蒋介石，已非1925年在广州的蒋介石，在广州时他不过是一个政坛新贵，他的学生还敢随便找他，到他定都南京后，如此闯宫确实需要勇气。

廖耀湘被校长亲自识拔，成为军界佳话，他自然产生一番报答知遇之恩的心思。

廖耀湘赴法途中曾慨然赋诗：

凄风冷雨近黄昏，

一夜波涛一夜惊。

故国萧条家何处，

中原万里望明星。

在法国，学习 3 年法语后进入圣西尔军校学习，后入机械化骑兵学校深造。在圣西尔军校，廖耀湘学习非常用功，主要课程都能背诵，笔记井井有条，毕业考试成绩优秀，令法国同行啧啧称叹。1935 年，国民政府派军事理论家蒋百里出国考察派出的留学生。蒋百里召见廖耀湘，面试其军事理

1934年廖耀湘在法国圣西尔军校留学时的图片（左二）

在圣西尔军校学习期间的廖耀湘

论知识，廖耀湘对答如流，再翻看其平时笔记及作文，嘉许称颂。蒋百里回国后向蒋介石述职时大谈廖耀湘的军事素质，蒋介石大悦，自此收为得意门生。廖耀湘学成归国后一路高升，由少校连长擢升至少将师参谋长，连升三级，后又任第九兵团司令。国民党有6个军是美式装备，蒋介石给了廖耀湘两个军，足见蒋介石对廖耀湘的器重，及至以后成为蒋介石嫡系的五大王牌主力师之一，蒋百里的这次推荐起了关键作用。

廖耀湘回国后，任教导总队骑兵少校连长，1937年任第二旅中校参谋主任，经历南京保卫战。1937年的冬天，当时的廖耀湘承担守护南京城的责任，南京失守后来不及撤退的他搭一个农夫的马车躲过日军搜索。他12月13日当天进寺，带着5个军人，廖耀湘一直在寺中藏身，直到栖霞寺的和尚后来偷偷地将他用小船送到江北。抗战胜利后，廖耀湘曾经重游栖霞寺感谢救命之恩，并且题下了“凯旋，与旧友重还栖霞”，至今还留着栖霞寺。

1938年初，国民党政府军事委员会成立机械化师（番号200师），廖耀湘任少将参谋长，参加兰封会战、桂南会战，任入缅印远征军第五军新22师师长后，率部入缅甸作战。1943年10月参加缅甸反击战，因战功显赫，被誉为中国的“巴顿将军”。次年升任新六军军长。

1945年8月日本投降后，廖耀湘接到一个让他一生荣耀的任务，那就是蒋介石亲自点名让他的部队担任芷江和南京受降任务。蒋介石为何选择新六军？是因为蒋介石采纳了美国的军事顾问魏德迈的建议。魏德迈向蒋介石进言道："日本现在还很嚣张，他们并不认为他们失败了，到南京去受降，部队应该有一种威慑力量。现在中国军队中最有威慑力的是新六军和新一军。新一军还没回国，新六军在芷江，就在空军基地，到南京几个钟头就行了，应该让新六军去。"就这样廖耀湘非常荣幸地见证并参与了日本投降的全过程。8月21日，日本侵华总参谋长今井武夫乘着飘着白旗的专机飞抵芷江，在新六军防区举行了具有历史意义的乞降仪式。几天后新六军被空运至南京，继续担任受降任务。当全副美式装备且士气高昂、军纪严明的新六军出现在南京城时，早已领教过廖耀湘厉害的日军终于低下了头颅，乖乖地缴出武器，不敢枉然造次，表示心服口服。

廖耀湘在入缅作战前对部队训话

新六军后被调往东北内战战场，1948年10月，廖耀湘在辽沈战役中被俘。1961年被特赦，后任全国政协文史资料委员会专员、全国政协委员。

第七章 圣西尔军校格言

1. 为打胜仗而受训——拿破仑亲自题写的校训

2. 勇士的胜负，只在比对手更强势——法国圣西尔军校训言

3. 做不屈的高卢雄鸡——法国军人核心价值观

4. 荣誉与祖国——圣西尔军校校旗题字

5. 培养明天的军官——圣西尔军校学员培养目标

一、圣西尔军校创始人——拿破仑名言

1. 一个人应养成信赖自己的习惯，即使在最危急的时候，也要相信自己的勇敢与毅力。

2. 身为总司令的人，是依他们自己的经验或天才行事的。工兵和炮兵军官的战术与科学，或许可以从书本中学到，但是将才的养成，却只有通过经验和对历代名将作战的钻研才能做到。

3. 在那些厌恶压迫的人们中，却有许多人喜欢压迫别人。

4. 最困难之时，就是离成功不远之日。

5. 人生的光荣，不在于永不言败，而在于能够屡扑屡起。

6. 世上只有两种力量：利剑和思想。从长远而论，利剑总是败在思想手下。

7. 永远别以为敌人比你愚蠢！

8. 我成功，因为志在要成功，未尝踌躇。

9. 我承认我很矮，但如果你由此而取笑我的话，我将砍下你的脑袋，消除这个差别。

10. 让驴子和学者走在队伍中间。

11. 想得好是聪明，计划得好更聪明，做得好是最聪明又是最好。

12. 中国是一只睡狮，一旦它醒来，整个世界都会为之颤抖！

13. 工作是我的一切，我生来就是为了工作。即使我身后什么也没有留下，即使我所有的业绩全部毁灭。

14. 没有机会！这真是弱者的最好代词。

15. 不会从失败中寻找教训的人通向成功的道路是遥远的。

16. 承受痛苦，比死亡更需要勇气。

17. 一切不道德事情中最不道德的，就是去做不能胜任的事情。

18. 从伟大崇高到荒谬可笑，其间只相差一步。

19. 为政之道在于惠及全体人民。

20. 业绩造就伟人。

21. 一切都是可以改变的，不可能只有庸人的词典里才有。

22. 战士们，在那金字塔的绝顶上，40 个世纪在俯视着你们！

23. 统一指挥是战争的第一要事。

24. 历史描绘出人心。

25. 我的基本要素是工作。我有此生就是为了工作。我两腿能及之处有界限，我双眼能看到的也有界限，我从不知道我的工作有何界限。

26. 我的勤奋和我的荣誉，在我死后仍将足以鼓舞千秋万代的青年。

27. 删节本！可鄙的办法！青年人有时间阅读长篇巨著，也有想象力去掌握一切伟大的事物。

28. 孩子未来是好是坏，完全在于母亲。

29. 人多不足以依赖，要生存只有靠自己。

30. 衡量一支军队的好坏，就看能否打胜仗。

31. 凡事必须要有统一和决断，因此，胜利不站在智慧的一方，而站在自信的一方。

32. 勇气如爱情，需要希望来滋养。

33. 默认自己无能，无疑是给失败制造机会。

34. 不以小事为轻，而后可以成大事。

35. 达到重要目标有两个途径——势力与毅力，势力只是少数人所有，但坚韧不拔的毅力则多数人均可拥有。它沉默的力量随着时间发展而至无可抵抗。

36. 统治者最糟糕的，莫过于不道德。上梁不正下梁歪。统治者要是不道德，就会影响风尚，毒化社会。

37. 我以为负恩是人类最大的缺点。

38. 我留给儿子的只有我的名字。

39. 人一生一世，不给人间留点痕迹，不如不出生。

40. 在思考一次战役时，我在内心与自己辩论，力求驳倒自己；在制订战役方案时，我是最谨小慎微的人。我总是扩大危险和意外，即使看来高兴，其实始终极度紧张和激动。

41. 勤奋是构成天才的要素之一。

42. 人是无常多变的，好运也是。

43. 精神胜于武力。

44. 大多数人内心生来具有善与恶、勇与怯的种子这是人的天性；后天如何成长，则取决于教养与环境。

45. 请相信我，上天操纵着一切，我们只是它的工具而已。

46. 没有人能逃脱自己的命运。

47. 与世无争是理性的范畴，是心灵的真正胜利。

48. 挫折也有好的一面，它教给我们真理。

49. 人不管处在什么样的情况下都可以幸福。

50. 应该蔑视一切政党，心目中只有广大民众。只有依靠广大民众的支持，才能建立伟业。

51. 君主不应以统治为目的，而应传播道德、教化和福泽。

52. 我不愿为取金蛋杀掉我的老母鸡！

53. 在爱情的战场上，唯一获胜的秘诀是逃跑。

54. 我只有一个忠告给你——做你自己的主人。

55. 幸福是个人价值的最大发挥。

56. 总司令最重要的品质就是冷静的头脑。

57. 伟大的统帅应该每日自问数次，如果面前或左右出现敌人该怎么办？他若不知所措，就是不称职的。

58. 为政之道就是勇往直前，有进无退。

59. 所谓军事指挥艺术，就是当自己的兵力数量实际上居于劣势时，反而能在战场上化劣势为优势。

60. 我们应当努力奋斗，有所作为。这样，我们就可以说，我们没有虚度年华，并有可能在沙滩上留下我们的足迹。

61. 不能使你发奋的爱，不如不爱。

62. 将军们，我的出身的确比你们差，但是如果你们因此而蔑视我，我将立刻宣布我懂管制，以消除这一差别。

63. 人生如河流，我从不怕逆水行舟。

64. 心态决定成败，无论情况好坏，都要抱着积极的心态。莫让沮丧取代热心，生命的价值可以很高，也可以一无是处，随你怎样选择。

65. 无论做什么事，内心绝不承认有失败的可能性。只要想着自己的长处，而不是短处，想着自己的能力而不是问题。

66. 永远也不要消极地认为做什么事是不可能的，只要你认为你能，尝试，尝试，再尝试，最终你都发现你能。

67. 这个世界上没有任何人能改变你，只有你能改变自己，也没有任何人能够打败你，也只有你自己打败你。

68. 积极的人视挫折为成功的踏脚石，并将挫折转化为机会。消极的人视挫折为成功的绊脚石，任机会悄悄溜走。

69. 凡是决心取得胜利的人是从来不说“不可能的”。

70. 生活中永远有两种人——强者和弱者。如果你认为自己是一只老鼠，那么最后的结果只有一个，就是成为猫的食物。

71. 忠实的朋友是菩萨的化身。

72. 我成功是因为我有决心，从不踌躇。

73. 我是我自己最大的敌人——也是我自己不幸命运的起因。

74. 一支由驯鹿所率领的狮军，是绝不可能战胜狮军的。

75. 生命是无止境的，不能仅以年龄去衡量；有些人在瞬间过了一生，有些人则在朝夕之间却突然衰老。

76. 生命是一个需要解决的疑团，是一个需要回答的问题，或者是一个需要探测的奥秘；总之，它是一个值得追求的冒险。

77. 人类最高的道德是什么？那就是爱国之心。爱国是文明人的首要美德。

78. 有才能往往比没有才能更有危险；人们不可能避免遭到轻蔑，却更难不变成嫉妒的对象。

79. 要真正了解一个人，须在不幸中考察他。

80. 假如人们把夸张和狂暴叫作美德，把温和与公正叫作犯罪行为，那么，这样的国家离灭亡就不很远了。

81. 德行之力，十倍于身体之力。

82. 狂热者的脑袋里没有理智的地盘。

83. 天下绝无不热烈勇敢地追求成功，而能取得成功的人。

84. 不曾做过一番事业的人，不足以成为一个良好的顾问。

85. 你有一天将遭遇的灾祸是你某一段时间疏懒的报应。

86. 凡是有决心取得胜利的人，从来不说不可能。

87. 战争是一种残酷的事业，在战争中，胜利属于懂得怎样在决定性的地点集中最大兵力的一方。

88. 战争是一道连牛顿那样的人也会被吓退的代数难题。

89. 一个通过别人眼睛来看事物的人永远不能合理地指挥一支军队。

90. 谁要想在战争中预见一切就劝他永远不要打仗。

二、法兰西第五共和国总统——戴高乐名言

1. 伟人之所以伟大，是因为他们立意要成为伟人！

2. 到月亮上去不算太远；我们要走的最大距离还是在我们之间。

3. 没有核武器的国家不是大国。

4. 我的朋友越多，就越喜欢狗。

5. 在一起共过很多患难的人，其友谊才称得上牢不可破。

6. 法国除非站在最前列，否则就不称其为法国；法国如果不伟大，就不称其为法国。

7. 每当历史最恶劣的时候，我的义务就是把法国的责任担当起来。

8. 我本能地感觉到上天创造法国，如果不是让它完成圆满的功业，就会让它遭受惩戒性的灾难。

9. 像法兰西这样伟大的民族，绝不能让这些怀疑和焦虑吓倒。尽管路途艰难，但是我们前进的脚步不能颤抖，否则既有损于我们的尊严，也会带来致命的危险。奴隶可以呻吟，弱者可以胆怯，但我们是自由的人民，能够坦然面对现实。

10. 当法国人之间发生争论的时候，你要和他们谈谈法兰西。

11. 我是戴高乐将军，我现在在伦敦，我向目前在英国土地上和将来可能到英国土地上的持有武器或没持有武器的法国士兵发出号召，我向目前在英国土地上和将来可能来到英国土地的军火工厂的一切工程师和技术工人发出号召，请你们和我取得联系。无论发生什么事，法国抵抗的火焰不能熄灭，也绝不会熄灭。

12. 难道败局已定，胜利已经无望？不，不能这样说！

13. 这个国家有太多类型的奶酪，无法治理。

14. 关在笼子里的老虎仍然是老虎。

15. 法国已在一场战役中缺席了，但法国并不会在这场战争中缺席。

16. 我是一个既不隶属任何人，又隶属任何人的人。

17. 你该如何统治一个拥有 246 种乳酪的国家？

18. 生活不是劳作，不断劳作会使人发疯。

三、菲利普·贝当元帅名言

1. 他们不会通过——第一次世界大战期间贝当接手坚守凡尔登要塞提出了著名的防御口号

2. 多用钢铁，少流鲜血——第一次世界大战期间贝当接任法军总司令提出的口号

3. 总统是战败后的元帅来充任的职务——“二战”中法国投降时贝当说过的话

4. 我把本人献给法国，来减轻它的痛苦——贝当在法国投降前发表的演说

四、现代奥运会创始人——顾拜旦名言

1. 一个民族，老当益壮的人多，那个民族一定强；一个民族，未老先衰的人多，那个民族一定弱。

2. 对人生而言，重要的绝不是凯旋，而是战斗。

3. 重要的不是取胜，而是参与。

4. 奥林匹克最重要的不是胜利，而是战斗。

5. 体育就是和平。

6. 参与比取胜更重要。

7. 一切体育为大众。

8. 现代人生活中最最重要的是教育。

9. 奥林匹克精神能建立一所培养情操高尚与心灵纯洁的学校，也是锻炼身体力量和耐力的学校。

10. 健全的民主制度、明智与和平的国际主义将渗透到未来的体育场，并将保持对荣誉和大公无私的信仰，这些将使体育运动成为促进心灵美好、社会和平同时也是肌肉发达的事业。

附 录

一、拿破仑演讲[①]

1796 年 4 月 28 日拿破仑在蒙特诺特战役中的演说

士兵们：

你们在 15 天内赢得了 6 次胜利，缴获了 21 面旗子和 55 门大炮，攻下了几座要塞，征服了皮埃蒙特的最富饶的地方，你们捉住 1 万 5 千名俘虏，你们杀伤 1 万多敌人。在此以前，你们为那些不毛之山而战，并在那些山岩上留下了你们的荣誉，可是这些山岩对祖国却是毫无裨益的。现在由于你们的功勋，你们可以同荷兰和莱因方面军并驾齐驱了。

你们什么也没有，什么都得自己操心。你们没有大炮打了胜仗，没有桥梁能够过河，没有鞋穿能够急行军，你们休息时没有酒喝，甚至常常没有粮食吃。只有共和国的军队，只有自由的战士才能够忍受你们所忍受的一切。

士兵们，为此应当感谢你们！有功必赏的祖国正在以自己的繁荣昌盛来答谢你们。如果你们，土伦的胜利者们，曾经预言过 1794 年的不朽的战争，那么，你们现在的胜利就预示着

① 摘自http://tieba.baidu.com/p/384970605.

面前还有更光荣的战事。奥地利和皮埃蒙特两国军队不久以前遭到你们勇敢的攻击，现在它们恐惧万状地在逃避你们了。以前嘲笑你们穷困，以梦想你们在敌人打胜仗为乐事的那些荒淫无耻的人们，现在吓得惊慌失措、胆战心惊了。可是，士兵们，你们还不能万事大吉，因为你们还有仗要打。无论是都灵或米兰你们还没有拿下来，那些杀害巴斯维尔的凶手还在践踏着赶走塔尔克维尼的胜利者们的骸骨。

据说，你们中间有些人的勇气减少了，他们竟宁愿回到亚平宁山和阿尔卑斯山的山顶上去。不，我不相信真有这回事。蒙特诺特、米莱西莫、迭戈和芒多维等战役的胜利者们，正满怀着把法国人民的光荣传播到更远的地方的热烈愿望……

1796 年 5 月 15 日在米兰对意大利方面军士兵的演说——开进米兰

士兵们：

你们像山洪一样从亚平宁高原迅猛地冲了下来。你们战胜并消灭了一切阻挡你们前进的敌人。

从奥地利暴政解放出来的皮埃蒙特，表现了与法国和平友好相处的天然感情。

米兰是你们的，在全伦巴迪亚上空，到处都飘扬着共和国的旗帜。

帕尔马公爵和莫德纳公爵能够保住政治生命，完全归功于你们的宽宏大量。

号称能够威胁你们的敌军，再也找不到更多的可以凭借的障碍物来抵挡你们的勇气了。波河、提契诺河和阿达河不再阻挡你们前进了。意大利这些所谓了不起的堡垒看来都是不堪一击的，你们像征服亚平宁山脉一样迅速地征服了它们。

你们取得这样多的胜利使祖国充满喜悦。你们的代表们规定了节目，以表示对你们胜利的庆贺，共和国所有的公社都在庆祝这个节日。你们的父亲、母亲、妻子、姊妹以及你们所有心爱的人，都为你们的胜利而欢欣鼓舞，他们都以自己是你们的亲人而感到自豪。

是的，士兵们！你们做了许多事情。可是，这是不是说你们再没有什么事可做了呢？人们在谈到我们时会不会说，我们善于取得胜利，却不善于利用胜利呢？后代会不会责备我们，说我们在伦巴迪亚碰上了卡普亚呢？不过我已经看见你们在拿起武器，懦夫般的休养生活已经使你们烦恼啦！你们为荣誉而花去的时光，也就是为自己的幸福而花去的时光。总而言之，让我们前进吧！目前我们还需要急行军，我们必须战胜残敌，我们要给自己戴上桂冠，必须报复敌人给我们的侮辱！

让那些准备在法国挑起内战的人等着吧！让那些卑鄙地杀死我们的驻外使节和烧毁我们土伦的军舰的人等着吧！复仇的时刻到了。

但是，要叫老百姓放心。我们是一切老百姓的朋友，特别

是布鲁图家族、西庇阿家族和一切我们奉为典范的大人物后裔的忠实的朋友。恢复卡皮托利小山上的古迹，在那儿恭敬地竖起一些能使古迹驰名的英雄雕像。唤醒罗马人，使他们摆脱几百年的奴役造成的昏沉欲睡的状态。这些将是你们的胜利果实，这些果实将在历史上创造一个新的时代。不朽的荣誉将归你们，因为你们改变了欧洲这一最美丽地方的面貌。

自由的、受全世界尊敬的法国人民正在给全欧洲带来光荣的和平，这种和平将补偿它在6年中所忍受的一切牺牲。那时你们回到自己的家乡，你们的同胞就会指着你们说：他曾经在战无不胜的意大利方面军服役！

二、戴高乐在凯旋门广场上的讲话[①]

这些为法兰西捐躯但同法兰西一起凯旋的人，在日日夜夜决定着我们命运的战场上牺牲的战士，经历了我们的一切痛苦和胜利的烈士现在回来了！

他们代表着在我国备受屈辱的时候，选择了光荣道路的许多人，他们现在安息在只有上帝才知道姓名、高举神圣的火炬、在30年战争的最初战斗中牺牲的民族精华的周围，受到2000年来为保卫祖国而献出生命的人们的英灵的保护。现在，他们聚集到这里了！

① 摘自http://blog.sina.com.cn/s/blog.

但是，面对这些使我们流泪和自豪的死者，我们活着的法国儿女，应该接受他们刚刚留给我们的教训。

我们应该了解我们国家的安全很久以来就是没有保障的，因为在我国漫长的历史过程中，曾不得不为那样多的危急付出重大的牺牲！我们应该认清，祖国的利益永远是至高无上的法律，在严酷的世界和艰难的时局给它造成的形势下，一切，是，一切！都应该服从效忠祖国的义务！

为了医治遍体鳞伤的法兰西，我们应该团结如手足。如手足！就是说，不做无谓的争执，迈着同样的步伐，唱着同样的歌曲，在同一条道路上携手前进！

当这些烈士到安葬他们的圣地去永远守卫首都以前，在这里停下来的时候，当在我们旗帜下生活于我们领土的各个角落和海外各处男女同胞们回忆我们的光荣并为死者默哀

戴高乐在里尔的故居，现为国家博物馆

的时候，我们要让重新团结起来的伟大人民的视线和胸襟面向未来。

法兰西万岁！

三、戴高乐遗嘱[①]

科龙贝教堂

戴高乐的遗嘱早在1952年就写好并密封起来，要求在他去世后才许启封。遗嘱写道：

“我希望在科龙贝教堂举行我的葬礼。如果我死于别处，我的遗体务必运回家乡，不必举行任何公祭。我的坟墓必须是我女儿安娜安葬的地方，日后我的夫人也要安息在那里，墓碑上只写：夏尔·戴高乐（1890—？）。

“葬礼要由我儿子、女儿和儿媳在我私人助手们的帮助下安排，仪式必须极其简单。我不希望举行国葬，不要总统、部长、议会代表团和公共团体代表参加。只有武装部队可以以其身份正式参加，但人数不必很多。不要乐队吹奏，也不要军号。不要在教堂或其他地方发表演讲，国会不要致悼词，举行葬

① 摘自http://blog.tianya.cn/blogger.

礼时，除我的家庭成员、我的解放功勋团战友和科龙贝市议会成员外，不要留别的位子。法国的男女同胞如果愿意的话，可以陪送我的遗体到达它的最后安息之地，以给我的身后遗名增光，但我希望要默默地把我的遗体送到墓地。”

“我声明，我事先拒绝接受给予我的任何称号、晋升、荣誉、表彰、勋章，不论是法国的还是外国的。授予我上述任何一项，将违背我的最后愿望。”

戴高乐的要求都实现了，葬礼非常简朴，4 万多男男女女从法国各地来到科龙贝为他们心目中的英雄送葬。与此同时，巴黎大主教马尔蒂在巴黎圣母院为戴高乐将军举行隆重的安灵弥撒，许多国家的元首都赶来致哀。几十万巴黎人冒雨向爱丽舍宫行进，在凯旋门这个 26 年前戴高乐站过的地方肃立致哀。第二天，巴黎市议会决定把凯旋门所在的星形广场改名为夏尔·戴高乐广场。这可以说是向拒绝任何荣耀的领袖授予“荣誉”的最好方法。

四、顾拜旦《体育颂》[①]

啊，体育，天神的欢娱，生命的动力！你猝然降临在灰蒙蒙的林间空地，受难者激动不已，你像是容光焕发的使者，向暮年人微笑致意。你像高山之巅出现的晨曦，照亮了昏暗

① 摘自1982年第8期《新体育》杂志。

的大地。

啊，体育，你就是美丽！ 你塑造的人体变得高尚还是卑鄙，要看它是被可耻的欲望引向堕落，还是由健康的力量悉心培育。没有匀称协调，便谈不上什么美丽。你的作用无与伦比，可使二者和谐统一；可使人体运动富有节律；使动作变得优美，柔中含有刚毅。

啊，体育，你就是正义！ 你体现了社会生活中追求不到的公平合理。任何人不可超过速度一分一秒，逾越高度一分一厘，取得成功的关键，只能是体力与精神融为一体。

啊，体育，你就是勇气！ 肌肉用力的全部含义是勇于搏击。若不为此，敏捷、强健有何用？肌肉发达有何益？我们所说的勇气，不是冒险家押上全部赌注似的蛮干，而是经过慎重的深思熟虑。

啊，体育，你就是荣誉！ 荣誉的赢得要公正无私，反之便毫无意义。有人要弄见不得人的诡计，以此达到欺骗同伴的目的。但他内心深处受着耻辱的绞缢。有朝一日被人识破，就会落得名声扫地。

啊，体育，你就是乐趣！ 想起你，内心充满欢喜，血液循环加剧，思路更加开阔，条理更加清晰。你可使忧伤的人散心解闷，你可使快乐的人生活更加甜蜜。

啊，体育，你就是培育人类的沃地！你通过最直接的途径，增强民族体质，矫正畸形躯体，防病患于未然，使运动员得到启迪；让后代长得茁壮有力，继往开来，夺取桂冠的荣誉。

啊，体育，你就是进步！为了人类的日新月异，身体和精神的改变要同时抓起，你规定良好的生活习惯，要求人们对过度行为引起警惕。你告诉人们遵守规则，发挥人类最大的能力而又无损健康的肌体。

啊，体育，你就是和平！你在各民族间建立愉快的联系。你在有节制、有组织、有技艺的体力较量中产生，使全世界的青年学会相互尊重和学习，使不同民族特质成为高尚而公平竞赛的动力！

后　记

历时三载，数易其稿，《世界著名军事院校系列》丛书行将付梓。丛书包括《美国西点军校——开启将帅之门的钥匙》、《俄罗斯伏龙芝军事学院——通向将帅之路的桥梁》、《英国桑赫斯特皇家军事学院——领导者的摇篮》、《法国圣西尔陆军军官军校——将军的苗圃》等四本，分别介绍了四大著名军校的沧桑历史、办学风格、传统文化、特训课堂、名人名言等。

丛书编写组成员由后勤工程学院、南京炮兵学院、陆军航空兵学院、空军后勤部、蚌埠汽车士官学校、总装司令部等同志组成。编写人员大多是军校教员和军队教育工作者，本着“求真、求精、求新”的态度，对国内外浩如烟海的资料进行学习、翻译、消化，通过细致的梳理和提炼，剖析并总结这几所军校的历史轨迹、办学特色及发展规律，以飨读者。

在编写过程中，得到中国人民解放军军事科学院世界军事后勤研究部原副部长肖裕声少将和中国人民解放军后勤学院学术研究部研究员张连松大校的精心指导。同时，借鉴和参考了国防大学、解放军理工大学等单位的相关资料。尤其是解放军理工大学，他们与外国军校的广泛交流为我们提供和掌握了较为翔实的材料。

书中引用的部分材料和图片，得到了广大作者的大力支持，给予便利，但仍有部分作者无法联系上，如有版权问题，请与编写组联系。在此，表示诚挚的谢意。

由于水平有限，书中难免有不妥、不正之处，恳请各位读者批评指正。

《世界著名军事院校系列》编写组

2014 年 4 月